JN314544

教本
Manual
Manuel

平安
Heian

立ち方 Tachikata
初段 Shodan
二段 Nidan
三段 Sandan
四段 Yodan
五段 HGodan

山田派糸東流修交会
Yamada-ha Shito-ryu Shuko-kai

山田　治義 (やまだ・はるよし)

山田派糸東流修交会	範士九段
全日本空手道連盟	範士八段
全日本空手道連盟	（元）一級資格審査員
日本体育協会	競技力向上上級コーチ
柔道（講道館）	五段
全日本実業団空手道連盟	会長
芦屋大学	客員教授
日中文化教育経済関西交流協会	顧問
株式会社やすらぎ企画	代表取締役社長

YAMADA Haruyoshi

Yamada-ha Shito-ryu Shuko-kai	9th Dan Hanshi
Japan Karatedo Federation	8th Dan Hanshi
Japan Karatedo Federation	Former 1st Grade Referee
Japan Sports Association	Competitive Sports Class A Coach
Judo (Kodokan)	5th Dan
All Japan Businessmen Karatedo Federation	President
Ashiya University	Visiting Professor
JCCEIA (Kansai)	Advisor
Japan Judo Therapist Association	Functional Training Instructor / Certified Judo Therapist
Yasuragi Enterprises	President and Director

Awards

Nov. 11th, 1999
Recipient of the Amagasaki Distinguished Service Award in Physical Education from Yoshio Miyata, the Mayor of Amagasaki City

Oct. 13th, 2007
Recipient of the Distinguished Service Award from the Japan Karatedo Union

Feb. 14th, 2008
Recipient of the Distinguished Service Award of the Hyogo Sports Association from Toshizo Ido, the Governor of Hyogo Prefecture

Apr. 21st, 2010
Recipient of the Mizuno Soprts Mentor Award from the Mizuno Sports Promotion Foundation

教本
Manual
Manuel

目次
Contents
Contenu

立ち方 Tachikata	5
平安初段 Heian-Shodan	11
平安二段 Heian-Nidan	27
平安三段 Heian-Sandan	37
平安四段 Heian-Yodan	51
平安五段 Heian-Godan	69

山田派糸東流修交会
Yamada-ha Shito-ryu Shuko-kai

立ち方
Tachikata

閉足立ち

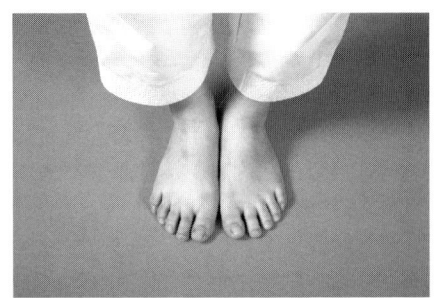

結び立ち

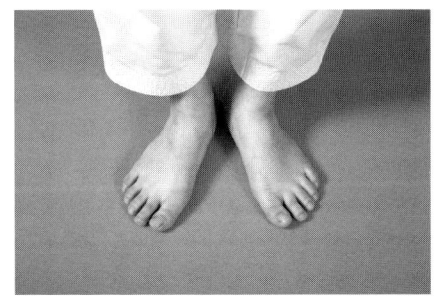

平行立ち

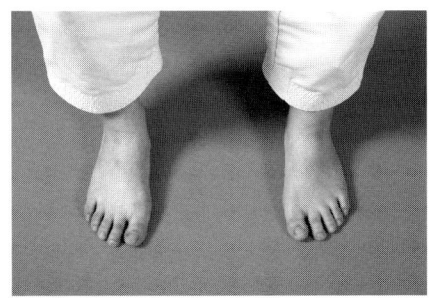

自然立ち

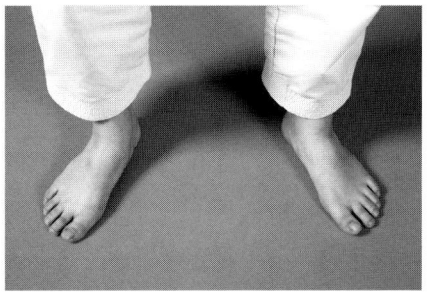

ナイファンチ立ち

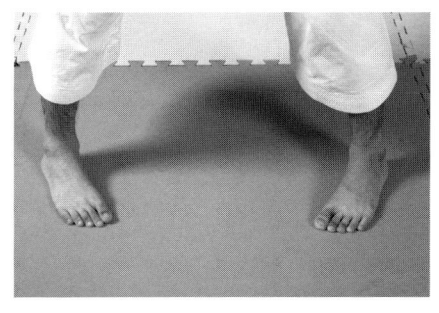

四股立ち

猫足立ち

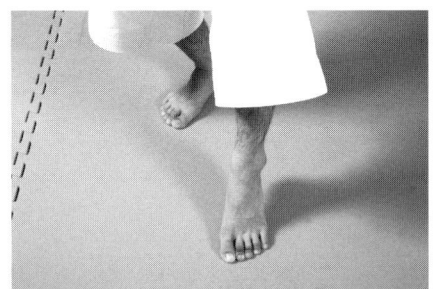

基立ち

前屈立ち

交差立ち

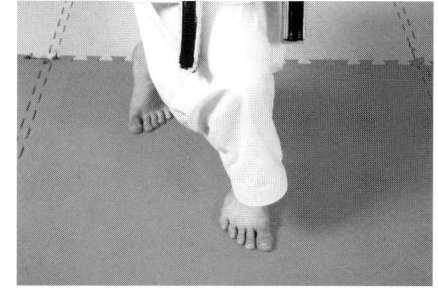

鷺(さぎ)立ち

平安立ち方　Heian-Tachikata

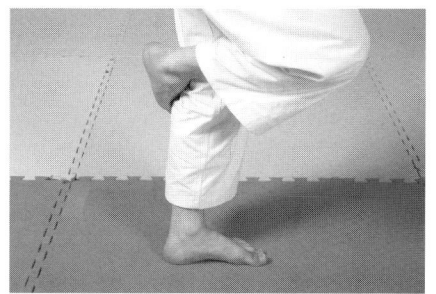

三戦立ち

平安初段
Heian-Shodan

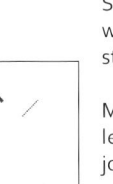

① 結び立ちとなり、両手は両大腿部外側につけてそれぞれ伸ばす。目付南。

Stand in the right form of MUSUBIDACHI, with both hands attached to the thighs, fingers straightened and eyes southwards.

Mettez-vous debout en forme de MUSUBIDACHI, les deux mains attachées aux cuisses à doigts joints et basissés, et les yeux vers le sud.

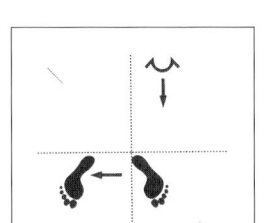

② 右足を横に開いて外八字立ちとなり、両手は握り、大腿部前面に構える。目付南。

Take a pose of SOTOHACHIJIDACHI by moving the right foot horizontally, clenching the fists, putting them properly in front of each thigh and keeping eyes sothwards.

Formez la pose de SOTOHACHIJIDACHI en mouvant horizontalement le pied droit, chacun des poings serré et les mettant devant les cuisses d'une façon propre, toujours les yeux vers le sud.

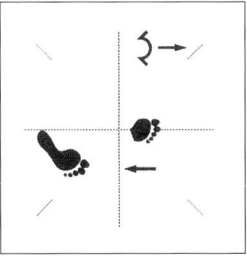

③ 左へ向き猫足立ちとなり、左手は中段受け、右手は甲を内に向け右側頭部前に構える。目付東。

Turn to the left and stand in the form of NEKOASHIDACHI, then assume a posture of CHUDANUKE by the left hand, placing the back of the right hand in front of the right side of the head, with eyes toward the east.

Tournez-vouz à gauche et formez la pose de NEKOASHIDACHI, puis, prenez la posture de CHUDANUKE par la main gauche en mettant le dos de la main droite devant le côté droit de la tête, les yeux vers l'est.

④ 立ち方そのままで右拳槌および小手にて左脇腹前を打ち払い（甲は下）、同時に左拳を右肩前に引く。目付東。

Keeping the same standing form as ③, strike the opponent in the left flank, using the right KENTSUI and SHUTO (with the back of the right hand downwards), and at the same time, draw back the left fist onto the right shoulder, with eyes toward the east.

En tenant la même forme que celle de ③, donnez à l'adversaire un coup de KENTSUI et SHUTO (à la main droite) par son flanc gauche, le dos de la main droite vers le bas. En même temps, retirez le poing gauche au devant de l'épaule droite, les yeux vers l'est.

⑤

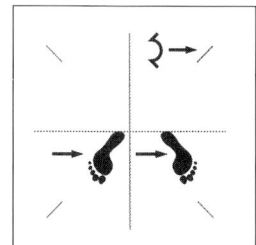

寄り足で左へ少し進み外八字立ちとなり、左腕を伸ばし左拳槌にて肩の高さを打ち、右拳は右脇に引く。目付東。

Move leftwards a little with a footwork of YORIASHI and take a pose of SOTOHACHIJIDACHI, then, reaching out the left arm, strike the opponent on a level of his shoulder, using the left KENTSUI while drawing back the right fist onto the right flank, with eyes toward the east.

Marchez de côté un peu à gauche avec un jeu de jambes YORIASHI et tenez-vous en forme de SOTOHACHIJIDACHI, puis, étendez le bras gauche, donnez à l'adversaire un coup de KENTSUI gauche au niveau de son épaule et, simultanément, retirez le poing droit au flanc droit, les yeux vers l'est.

⑥

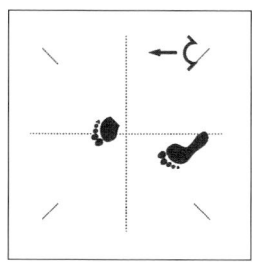

右へ向き猫足立ちとなり右手は中段受け、左手は甲を内に向け左側頭部前に構える。目付西。

Turn to the right and stand in the form of NEKOASHIDACHI, then assume a posture of CHUDANUKE by the right hand, placing the back of the left hand in front of the left side of the head, with eyes toward the west.

Tournez-vouz à droit et formez la pose de NEKOASHIDACHI, puis, prenez la posture de CHUDANUKE par la main droite en mettant le dos de la main gauche devant le côté gauche de la tête, les yeux vers l'ouest.

⑦

立ち方そのままで左拳槌および小手にて右脇腹前を打ち払い（甲は下）、同時に右拳を左肩前に引く。目付西。

Keeping the same standing form as ⑥, strike the opponent in the right flank, using the left KENTSUI and SHUTO (with the back of the left hand downwards), and at the same time, draw back the right fist onto the left shoulder, with eyes toward the west.

En tenant la même forme que celle de ⑥, donnez à l'adversaire un coup de KENTSUI et SHUTO (à la main gauche) par son flanc droit, le dos de la main gauche vers le bras. En même temps, retirez le poing droit au devant de l'épaule gauche, les yeux vers l'ouest.

⑧

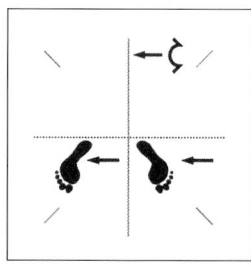

右へ寄り足で進みながら外八字立ちとなり右腕を伸ばし右拳槌にて肩の高さを打ち、左拳は左脇へ引く。目付西。

Move rightwards a little with a footwork of YORIASHI and take a pose of SOTOHACHIJIDACHI, then, reaching out the right arm, strike the opponent on a level of his shoulder, using the KENTSUI while drawing back the left fist onto the left flank, with eyes toward the west.

Marchez de côté un peu à droit avec un jeu de jambes YORIASHI et tenez-vous en forme de SOTOHACHIJIDACHI, puis, étendez le bras droit, donnez à l'adversaire un coup de KENTSUI droit au niveau de son épaule et, simultanément, retirez le poing gauche au flanc gauche, les yeux vers l'ouest.

平安初段 Heian-Shodan

⑨

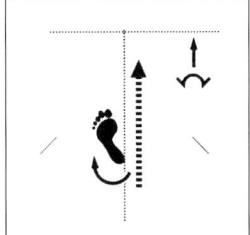

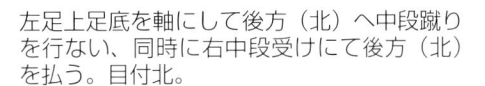

左足上足底を軸にして後方（北）へ中段蹴りを行ない、同時に右中段受けにて後方（北）を払う。目付北。

Do an about-face pivoting on the left tiptoe, and perform CHUDANGERI with kicking action of the right foot in the direction of north. With this performance, sway each hand (CHUDANUKE) as indicated, eyeing north.

Faites volt-face sur la pointe de pied gauche, et mettez en action CHUDANGERI (au pied droit) dans le sens du nord. En même temps, faites agir chacun des bras (CHUDANUKE) comme montré au-dessus en regardant au nord.

⑩

写真⑨の側面。

Performance of ⑨ as viewed from the side.

Profil de l'action ⑨.

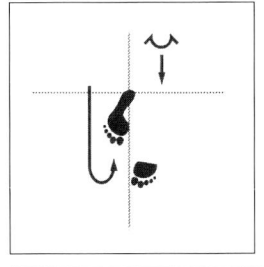

⑪

蹴った足を前方（北）へおろすと同時に後方（南）へ向き猫足立ちとなり左中段手刀受け、右手は開き甲を下にして水月前に構える。目付南。

Lower the kicking foot in the north front and turn to the south at once. There, take the form of NEKOASHIDACHI by composing CHUDAN SHUTOUKE with the left hand and placing the right hand (opend and its back downwards) in front of SUIGETSU or the pit of stomach. Keep eyes to the south.

Baissez le pied droit au front du nord, et immédiatement, tournez au sud. Voilà, formez la pose de NEKOASHIDACHI en prenant CHUDAN SHUTOUKE par la main gauche et en mettant la main droite (ouvré et son dos vers le pied) devant SUIGETSU, à savoir, le creux de l'estomac. En ce temps-là, regardez au sud.

⑫

写真⑪の側面。

Performance of ⑪ as viewed from the side.

Profil de l'action ⑪.

⑬ 右足を1歩進めて猫足立ちとなり右手で中段手刀受け、左手は引いて水月前に構える。目付南。

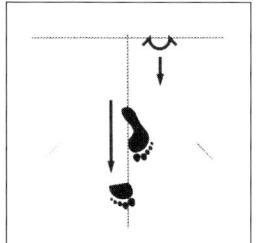

Moving the right foot by one step, stand in the form of NEKOASHIDACHI assuming a posture of CHUDAN SHUTOUKE by the right hand, with the left hand draw back in front of SUIGETSU, eyeing southwards.

Faites un pas de pied droit et formez la posture de NEKOASHIDACHI en mettant la main droite en forme de CHUDAN SHUTOUKE et la main gauche retiré au devant de SUIGETSU, les yeux au sud.

⑭ 左足を1歩前進して猫足立ちとなり左手で中段手刀受け、右手は引いて水月前に構える。目付南。

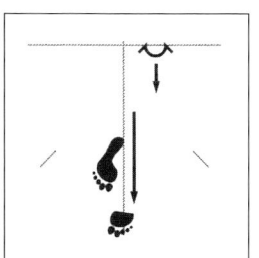

Moving the left foot by one step, stand in the form of NEKOASHIDACHI assuming a posture of CHUDAN SHUTOUKE by the left hand, with the right hand draw back in front of SUIGETSU, eyeing southwards.

Faites un pas de pied gauche et formez la posture de NEKOASHIDACHI en mettant la main gauche en forme de CHUDAN SHUTOUKE et la main droite retirée au devant de SUIGETSU, les yeux au sud.

⑮ 右足を1歩前進して基立ちとなり右四本貫手で中段突き、左拳は脇へ引く。目付南。

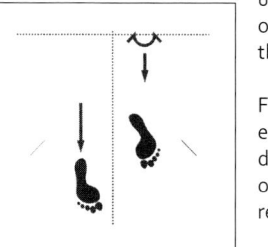

Moving the right foot by one step, stand in the form of MOTODACHI give a thrust CHUDANZUKI using YONHONNUKITE or the four finger action of the right hand, with the left fist draw back to the flank, eyeing southwards.

Faites un pas de pied droit et mettez-vous debout en forme de MOTODACHI. Puis, donnez un coup de CHUDANZUKI employant YONHONNUKITE ou le jeu des quatre doighs de la main droite en retirant au côté le poing gauche, les yeux au sud.

⑯ 右足上足底を軸にして斜め後方（北西）に回り猫足立ちとなり左手で中段手刀受け、右手は水月前に構える。目付北西。

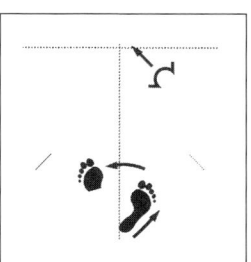

Pivoting on the right tiptoe, turn in the direction of northwest and take a posture of NEKOASHI-DACHI, with the left hand posed as CHUDAN SHUTOUKE and the right hand placed in front of SUIGETSU, eyeing northwest.

Tournez dans le sens du nord-ouest et formez la pose de NEKOASHIDACHI en mettant la main gauche en form de CHUDAN SHUTOUKE et la main droite au devant de SUIGETSU, les yeux vers le nord-ouest.

平安初段 Heian-Shodan

⑰ 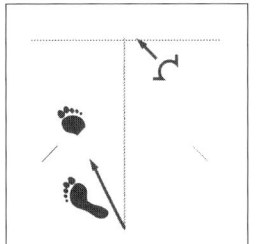 右足を同方向へ1歩前進し猫足立ちとなり右手で中段手刀受け、左は引いて水月前に構える。目付北西。

Moving the right foot straight on by one step, stand in the form of NEKOASHIDACHI assuming a posture of CHUDAN SHUTOUKE by the right hand, with the left hand drawn back in front of SUIGETSU, eyeing northwest.

Faites un pas de pied droit dans le bon sens et formez la posture de NEKOASHIDACHI en mettant la main droite en forme de CHUDAN SHUTOUKE et la main gauche retirée au devant de SUIGETSU, les yeux au nord-ouest.

⑱ 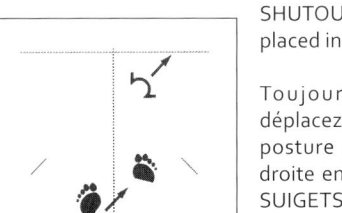 猫足立ちのまま右足を北東へ移動して右中段手刀受け、左は水月前に構える。目付北東。

With NEKOASHIDACHI, shift the right foot to the northeast and take a pose of CHUDAN SHUTOUKE by the right hand, with the left hand placed in front of SUIGETSU, eyeing northeast.

Toujours en forme de NEKOASHIDACHI, déplacez le pied droit au nord-est, et formez la posture de CHUDAN SHUTOUKE par la main droite en mettant la main gauche au devant de SUIGETSU, les yeux vers le nord-est.

⑲ 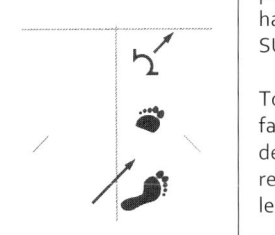 同方向へ猫足立ちのまま1歩前進し左手で中段手刀受け、右は水月前に引く。目付北東。

Keeping the pose of NEKOASHIDACHI and moving straight on by one step, assume a posture of CHUDAN SHUTOUKE by the left hand, with the right hand drawn back in front of SUIGETSU, eyeing northeast.

Toujours en forme de NEKOASHIDACHI et faisant un pas dans le bon sens, formez la posture de CHUDAN SHUTOUKE par la main gauche en retirant la main droite au devant de SUIGETSU, les yeux vers le nord-est.

⑳ 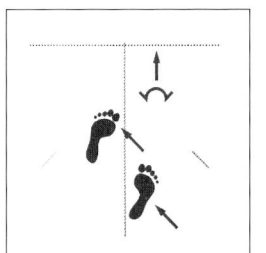 左足を北方へ移動して基立ちとなり右手で中段受け、左拳は脇へ引く。目付北。

Shift the left foot to the north and stand in the form of MOTODACHI, with the right hand posed as CHUDANUKE and the left fist drawn back to the flank, eyeing to the north.

Déplacez au nord le pied gauche et mettez-vous debout dans la forme de MOTODACHI, en formant CHUDANUKE par la main droite et le poing gauche retiré au flanc, les yeux au nord.

㉑

写真 ⑳ の側面。

Performance of ⑳ as viewed from the side.

Profil de l'action ⑳.

㉒

右足にて中段蹴りを行なう。目付北。

Perform CHUDANGERI with kicking action of the right foot, with eyes set to the north.

Mettez en action CHUDANGERI par le pied droit, les yeux vers le nord.

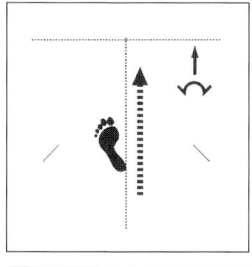

㉓

蹴った右足を前（北）に踏みおろして基立ちとなり同時に左拳で中段突き、右拳は脇へ引く。目付北。

Let the kicking foot down on the floor (or ground) in the direction of north and stand in the form of MOTODACHI. At the same time, perform CHUDANZUKI by the left fist, with the right fist drawn back to the flank, eyeing north.

Faites descendre le pied droit par terre ou sur le plancher dans le sens du nord et mettez-vous en forme de MOTODACHI. Et en même temps, formez la pose de CHUDANZUKI par le poing gauche et retirez le poing droit au flanc, les yeux vers le nord.

㉔

写真 ㉓ の側面。

Performance of ㉓ as viewed from the side.

Profil de l'action ㉓.

平安初段　Heian-Shodan

㉕

立ち方そのままで中段突きせる左手で中段受けを行なう。目付北。

With the same standing form as ㉓, let the left hand (in the form of CHUDANZUKI as finished) perform CHUDANUKE, with eyes set to the north.

En tenant la même forme que celle de ㉓, faites exécuter CHUDANUKE par la main gauche qui a fini CHUDANZUKI, les yeux vers le nord.

㉖

写真㉕の側面。

Performance of ㉕ as viewed from the side.

Profil de l'action ㉕.

㉗

左足にて中段前蹴りを行なう。

Perform CHUDAN MAEGERI using the left foot.

Exécutez CHUDAN MAEGERI par le pied gauche.

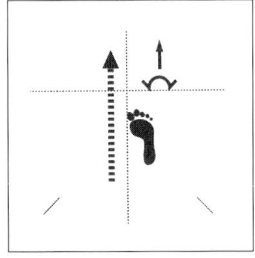

㉘

写真㉗の側面。

Performance of ㉗ as viewed from the side.

Profil de l'action ㉗.

㉙

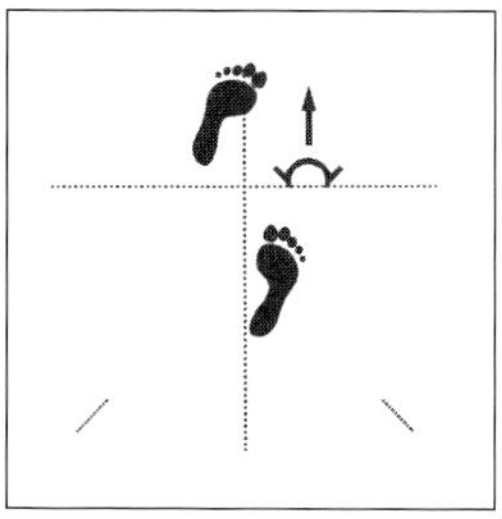

蹴った左足を前へおろして基立ちになると同時に右で中段突き、左拳は脇へ引く。目付北。

As soon as the kicking foot (left) has been put down forward and then MOTODATHI is established, perform CHUDANZUKI using the right hand and draw back the left fist to the flank, with eyes set to the north.

Dès que CHUDAN MAEGERI est fini et le pied gauche descendu par terre, revenez à MOTODACHI et mettez en action CHUDANZUKI par la main droite en retirant le poing gauche au flanc, les yeux vers le nord.

㉚

写真㉙の側面。

Performance of ㉙ as viewed from the side.

Profil de l'action ㉙.

㉛

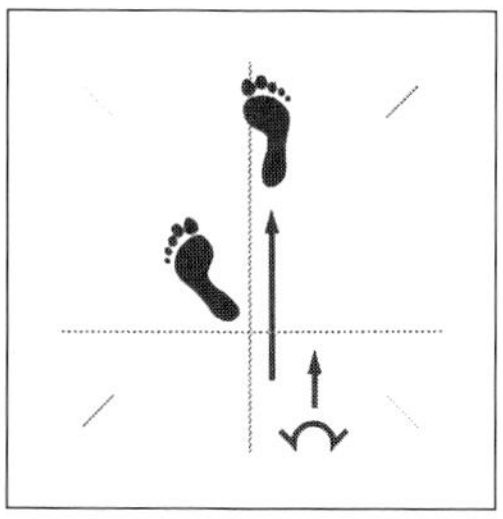

右足を1歩前進して前屈立ちとなり右手で中段受け、左拳は甲を下にして右肘の内側に小指の第二節が軽くふれる位置に構える。

Make a step forward by the right foot and perform ZENKUTSUDACHI, taking a posture of CHUDAN-UKE by the right hand and keeping the left fist so positioned that its back is reversed and the second joint of its little finger comes in slight contact with the inside of the right elbow.

Faites un pas de pied droit en avant et formez la pose de ZENKUTSUDACHI en mettant la main droite en forme de CHUDANUKE et le poing gauche de façon qu'avec son dos mis à l'envers, la seconde jointure de son petit doigt touche légèrement l'intérieur du coude droit.

㉜

写真㉛の側面。

Performance of ㉛ as viewed from the side.

Profil de l'action ㉛.

平安初段　Heian-Shodan

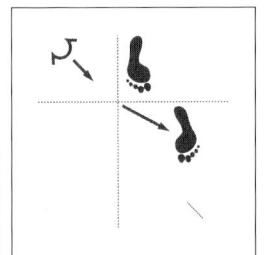

㉝ 右足を軸にして斜め後方（南東）へ左足を踏み出して前屈立ちとなり左腕で下段受け、右拳は脇へ引く。目付南東。

Pivoting on the right foot, take a step foward by the left foot in the direction of southeast and assume a posture of ZENKUTSUDACHI, with the left arm posed as GEDANUKE and the right fist drawn back to the flank ,keeping eyes toward the southeast.

En pivotant sur le pied droit, faites un pas de pied gauche dans le sens du sud-est et prenez la pose de ZENKUTSUDACHI en mettant le bras gauche en forme de GEDANUKE et retirez le poing droit au flanc, les yeux vers le sud-est.

㉞ 同方向へ右足を１歩前進して前屈立ちとなり右腕で上段受け。目付南東。

Taking one step forward by the right foot in the same direction as ㉝, assume a posture of ZENKUTSUDACHI, with the right arm posed as JODANUKE, eyeing southeast.

Faites un pas de pied droit dans le même sens qu'en ㉝ et formez la posture de ZENKUTSUDACHI en mettant le bras droit en forme de JODANUKE, les yeux vers le sud-est.

㉟ 右足を南西に移動して前屈立ちとなり右腕で下段受け。目付南西。

Shift the right foot to the shoulder, take a posture of ZENKUTSUDACHI, with the right arm posed as GEDANUKE, eyeing southwest.

Déplacez au sud-ouest le pied droit, formez la pose de ZENKUTSUDACHI et composez GEDANUKE par le bras droit, les yeux au sud-ouest.

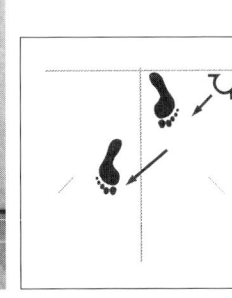

㊱ 左足を同方向へ１歩前進して前屈立ちとなり左腕で上段受け。目付南西。

Taking one step forward by the left foot in the same direction as ㉟, assume a posture of ZENKUTSUDACHI, with the left arm posed as JODANUKE, eyeing southwest.

Faites un pas de pied droit dans le même sens qu'en ㉟ et formez la posture de ZENKUTSUDACHI en mettant le bras gauche en forme de JODANUKE, les yeux vers le sud-ouest.

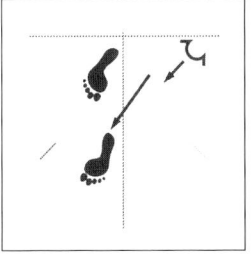

㊲

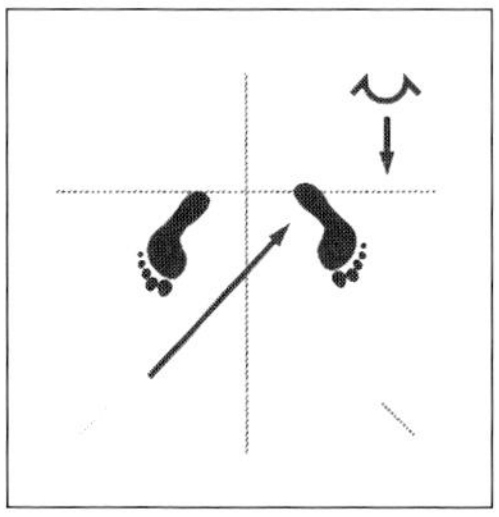

左足を右足横に引いて外八字立ちとなり両拳をそれぞれ大腿部前に構える。目付残心のため１呼吸くらい南西を見てより南。

Drawing back the left foot to the position parallel to the right foot, take a pose of SOTOHACHIJI-DACHI with each fist placed in front of each thing. The direction both eyes are set to is such that, first, "Look at the southeast", then, "after a little pause, say, one slow breath, look at the south" because the manner of setting eyes is based upon ZANSHIN.

Retirez le pied gauche à la position parallèle au pied droit et prenez la pose de SOTOHACHIJI-DACHI, avec la mise des deux poings en face de chacune des cuisses. En ce moment-ci, ne dirigez pas le regard vers le sud subitement, mais à de court intervalle, autrement dit, avec une haleine lente après l'avoir dirigé vers le sud-ouest, car la manière de jeter les yeux se base sur ZANSHIN.

㊳

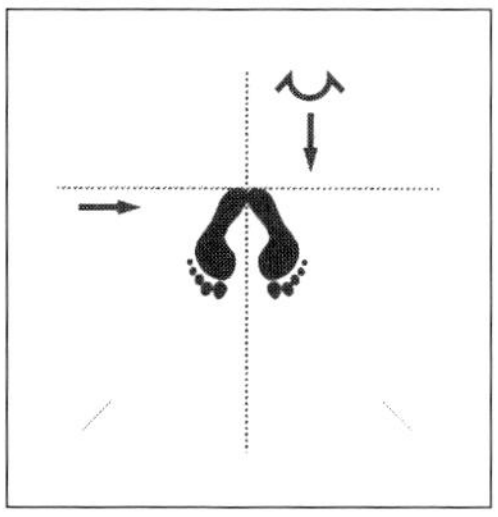

右足を左足に引きつけて結び立ちとなり両拳は開いて両大腿部外側に伸ばす。

By joining the right foot to the left foot, stand in the right form of MUSUBIDACHI, with both fists unclenched and straightened along each of the outer parts of thighs.

En joignant le pied droit au pied gauche, mettez-vous debout en forme de MUSUBIDACHI, les deux poings desserés, braissés et fixés aux cuisses extérieures.

平安初段○型分解

Heian-Shodan ○ Facing performance
Heian-Shodan ○ Mise en action des formes face à face

型③、④、⑤と⑥、⑦、⑧の動作
Performance of form ③, ④, ⑤ and ⑥, ⑦, ⑧
Action par les formes ③, ④, ⑤ et ⑥, ⑦, ⑧

(1) 中段突きで攻撃してくるのを斜め右後方へ転身すると同時に猫足立ちとなり、左手で中段受けをし右拳は上に構える。

Dodgin a blow (CHUDANZUKI) by the opponent, move backward to the right quickly and stand in the form of NEKOASHIDACHI, with the left hand posed as CHUDANUKE and the right fist held up with such a level of the head as indicated.

Evitez le coup (CHUDANZUKI) donné par l'adversaire, tournez-vous en forme de NEKOASHIDACHI, en prenant CHUDANUKE par la main gauche et levant le poing droit comme indiqué ici (à gauche).

(2) 続いて左中段突きで攻撃してくるのを上段に構えた右小手にて下に払う。

In an attempt to baffle his successive attack using a trick of HIDARI CHUDANZUKI, shake off his blow dawnwards by the right hand (KOTE) that is placed at the side of the head (JODAN NO KAMAE).

Pour faire défaillir son essai successif employant la technique HIDARI CHUDAN ZUKI, secouez son coup par la main droite (KOTE) qui est levée au niveau de la tête (JODAN NO KAMAE).

(3) 外八字立ちになり左拳槌にて相手の首筋に打ち込み、右拳は脇へ引く。

Posed as SOTOHACHIJIDACHI, strike him a blow on the nape using the left KENTSUI, with the right fist drawn back to the flank.

Tenez-vous en forme de SOTOHACHIJIDACHI et donnez-lui un coup de poing ou un coup de KENTSUI gauche sur sa nuque en retirant au flanc le poing droit.

型 ⑨ の動作
Performance of form ⑨
Action par la forme ⑨

(4)　後方より衿を捕り技を掛けんとする。

Take the opponent by the nape from behind to apply some trick (WAZA) to him.

Faites une prise de l'adversaire à la nuque par arrière afin de lui appliquer une technique d'attaque (WAZA).

(5)　後方へ向くと同時に右小手にて相手の腕を払いのけ、右中段蹴りを入れる。

Turn backwards and lose no time to shake off his arm using the right KOTE to give him a kick by the right foot or MIGI CHUDANGERI.

Retournez-vous, secouez son bras par KOTE (main droite) tout de suite et donnez-lui un coup de droit ou MIGI CHUDANGERI.

(6)　蹴った足を踏み込んで左中段突きで極める。

One more step after MIGI CHUDANGERI and finish it with a blow left hand or HIDARI CHUDANZUKI.

A la suite de MIGI CHUDANGERI, avancez-vous de plus par le pied droit pour finir l'attaque par la main gauche ou HIDARI CHUDANZUKI.

型 ⑭、⑮ の動作
Performance of form ⑭ and ⑮
Action par les formes ⑭ et ⑮

(7)　中段突きで攻撃してくるのを斜め右後方へ転身して猫足立ちとなり、左中段手刀受けでかわす。

Dodging a blow (CHUDANZUKI) by the opponent, move backward to the right quickly and stand in the form of NEKO-ASHIDACHI to resist it with HIDARICHUDAN SHUTOUKE.

Evitez le coup (CHUDANZUKI) donné par l'adversaire, tournez-vous vers l'arrière droit et, en même temps, tenez-vous en forme de NEKOASHIDACHI pour lui résister avec la pose de HIDARICHUDAN SHUTOUKE.

平安初段　Heian-Shodan

(8) 基立ちとなり右四本貫手で中段に攻撃する。

Stand in the form of MOTODACHI and attack the opponent at his middle guard (CHUDAN) using YONHONNUKITE.

Mettez-vous debout en forme de MOTODACHI et attaquez l'adversaire au milieu de son torse (CHUDAN) employant YONHONNUKITE.

型 ⑲、⑳、㉒、㉓、㉔ の動作
Performance of form ⑲, ⑳, ㉒, ㉓, ㉔
Action par les formes ⑲, ⑳, ㉒, ㉓, ㉔

(9) 続いて左中段逆突きで攻撃してくるのを右中段受けでかわす。

In an attempt to baffle his successive attack using a trick of HIDARICHUDAN GYAKUZUKI, dodge the attack by taking a form of MIGI CHUDANUKE.

Pour faire défaillir son essai successif employant la technique HIDARICHUDAN GYAKUZUKI, évitez-le en forme de MIGI CHUDANUKE.

(10) 中段受け後右足で中段蹴りで極め。

After a defence of CHUDANUKE, give him a finishing CHUDANGERI using the right foot.

Après vous défendre par CHUDANUKE, donnez-lui CHUDANGERI (ou un coup de grâce) par le pied droit.

(11) 蹴った足を前に踏み込んで左中段突きをする。
（相手は中段蹴りの際右足を１歩後退する）

One more step after CHUDANGERI and give him HIDARI CHUDANZUKI.
(the opponent draws back his right foot one step at the same time with the CHUDANGERI being given)

A la suite de CHUDANGERI, avancez-vous de plus par le pied droit pour lui donner un coup de poing HIDARI CHUDANZUKI.
(l'adversaire fait un pas droit en arrière au moment où ce CHUDANGERI-là se dirige vers lui-même)

型 ㉕、㉗、㉙ の動作
Performance of form ㉕, ㉗, ㉙
Action par les formes ㉕, ㉗, ㉙

(12) 中段突きで攻撃してくるのを右足を1歩引き、右腕で中段受けする。

Against the opponent with an attacking trick of CHUDANZUKI, draw back the right foot one step, with the right arm posed as CHUDANUKE.

Contre l'adversaire qui vous attaque d'un coup de CHUDANZUKI, retirez le pied droit d'un pas et prenez la pose de CHUDANUKE par son bras droit.

(13) 引いた右足で中段蹴りを行なう。

Perform CHUDANGERI using the right foot that has been drawn back.

Exécutez CHUDANGERI employant le pied droit qui vient de se reculer.

(14) 左中段逆突きで極める。
(中段蹴りの際相手は右足を1歩後退する)

Finish with HIDARI CHUDANGYAKUZUKI.
(the opponent draws back his right foot one step at the same time with the CHUDANGERI being given)

Finissez par HIDARI CHUDANGYAKUZUKI.
(l'adversaire fait un pas droit en arrière au moment où ce CHUDANGERI-là se dirige vers lui-même)

(15) 右中段突きで攻撃してくるのを足を斜め右後方へ1歩引き、中段支え受けをする。

Against the opponent with an attacking trick of MIGI CHUDAN-ZUKI, draw back the foot to the right slanting direction by one step, with a pose of CHUDAN SASAEUKE.

Contre l'adversaire qui vous attaque d'un coup de MIGI CHUDANZUKI, retirez le pied un pas obliquement à droit et prenez la pose de CHUDAN SASAEUKE.

平安初段　Heian-Shodan

(16) ただちに右拳で中段突きをする。

Perform CHUDANZUKI by the right fist at once.

Exécutez CHUDANZUKI par le poing droit tout de suite.

型 ㉝、㉞、㉟、㊱ の動作
Performance of form ㉝, ㉞, ㉟, ㊱
Action par les formes ㉝, ㉞, ㉟, ㊱

(17) 右中段蹴りで攻撃してくるのを斜め右後方へ転身し、前屈立ちで左下段受けをする。

Against the opponent with an attacking trick of MIGI CHUDANGERI, turn to the right slanting position behind and, with a pose of ZENKUTSUDACHI, perform HIDARI GEDANUKE.

Contre l'adversaire qui vous attaque d'un coup de MIGI CHUDANGERI, tournez-vous à la position droite en arrière obliquement et exécutez HIDARI GEDANUKE en prenant la pose de ZENKUTSUDACHI.

(18) さらに顔面に突いてくるのを左上段受けでかわす。

Against his further attack aiming at your face, dodge nimbly by a trick of HIDARI JODANUKE.

Contre l'adversaire qui continue de vous attaquer en face, esquivez son essai lestement en employant HIDARI JODANUKE.

(19) 上段受けせる左拳を脇へ引きながら右拳で中段突きする。

Perform CHUDANZUKI by the right fist while drawing back the left fist (that has served for JODANUKE) to the flank.

Exécutez CHUDANZUKI par le poing droit tout en retirant au flanc le poing gauche qui a fait JODANUKE.

平安二段
Heian-Nidan

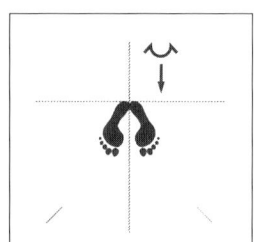

① 結び立ちとなり、両手は伸ばし両大腿部外側につける。目付南。

Stand in the right form of MUSUBIDACHI, with both hands straightened and attached to each side of thighs, eyeing southwards.

Mettez-vous debout em forme de MUSUBIDACHI, les deux mains attachées aux cuisses à doits joints et baissés, et les yeux vers le sud.

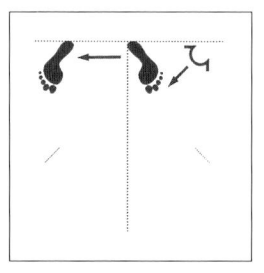

② 右足を横に開いて外八字立ちとなり両手は握り大腿部前面に構える。目付南。

Take a pose of SOTOHACHIJIDACHI by moving the right foot horizontally, clenching the fists, putting them properly in front of each thigh and keeping eyes southwards.

Formez la pose de SOTOHACHIJIDACHI en mouvant horizontalement le pied droit, chacun des poings serré et les mettant devant les cuisses d'une façon propre, toujours les yeux vers le sud.

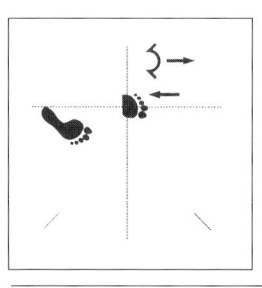

③ 左（東）へ向いて猫足立ちとなり左腕は肘を伸ばしたまま体の前方より振り上げ、左拳にて頭部の外縁を半円を描くようにして振りおろし肩の高さで止める。右拳は脇へ引く。目付東。

Turn to the left (east) and stand in the form of NEKOASHIDACHI. Then, with its elbow just straightened, swing up the left arm from the front of body, swing it down while making the left fist draw a semicircle along the periphery of the head and stop the swing at the level of the shoulder. During this swing, draw back the right fist to the flank. Eye direction is east.

Tournez-vous à gauche (l'est) et formez la pose de NEKOASHIDACHI. Puis, tout en tendant le coude gauche, levez le bras de façon à faire tracer un demi-cercle autour de la tête par le poing gauche et arrêtez l'action du bras au niveau de l'épaule. Retirez au flanc le poing droit. Fixez les yeux vers l'est.

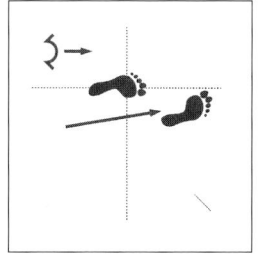

④ 右足を同方向へ1歩前進して基立ちとなり右拳で中段突き。目付東。

One step forward to the same direction as it is, using the right foot. Then, stand in the form of MOTODACHI, with the right fist posed as CHUDANZUKI. Eye direction is east.

Faites un pas droit en avant. Puis, formez la posture de MOTODACHI et exécutez CHUDANZUKI par le poing droit, les yeux vers l'est.

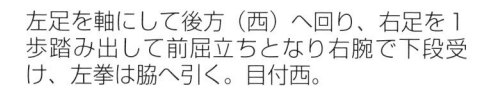

⑤ 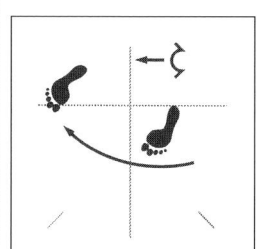 左足を軸にして後方（西）へ回り、右足を1歩踏み出して前屈立ちとなり右腕で下段受け、左拳は脇へ引く。目付西。

Pivoting on the left foot, turn to the rear (west) and with the right foot going forward one step, perform ZENKUTSUDACHI, making the right arm posed as GEDANUKE and the left fist drawn back to the flank. Eyes are set to the west.

En vous tournant à l'ouest sur le pied gauche et faisant un pas droit en avant, formez ZENKU-TSUDACHI, le bras droit en forme de GEDANUKE et le poing gauche tiré au flanc. Les yeux sont fixés à l'ouest.

⑥ 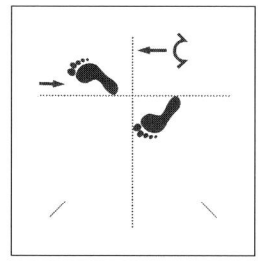 右足を約半歩後方へ引いて基立ちとなり下段受けせる右腕を上げ、右拳にて頭部の外縁を半円を描くようにして振りおろし肩の高さで止める。左拳は脇に引く。目付西。

Drawing back the right foot to the rear by half a step, stand in the form of MOTODACHI. Then, raise the right arm (that performed GEDANUKE), bring it down while making the right fist draw a semicircle around the head and stop the arm action at the level of shoulder. During the action, draw back the left fist to the flank. Eye direction is west.

Faites reculer le pied droit en arrière d'un demi-pas et tenez-vous debout en forme de MOTODACHI. Puis, levez le bras droit qui a exécuté GEDANUKE, faites le descendre de façon à faire tracer un demi-cercle autour de la tête par le poing droit et arrêtez cette action du bras au niveau de l'épaule. Entre temps, retirez au flanc le poing gauche en regardant à l'ouest.

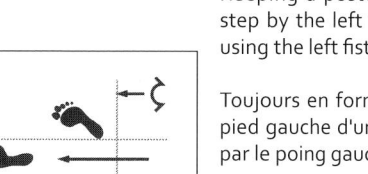

⑦ 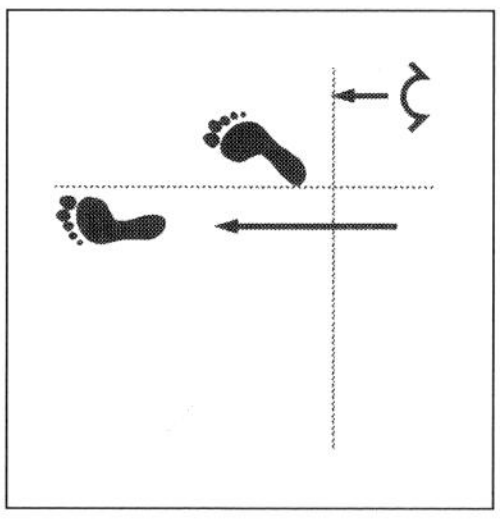 基立ちのまま左足を1歩前進して左拳で中段突き。目付西。

Keeping a posture of MOTODACHI, forward a step by the left foot and perform CHUDANUKE using the left fist, eyeing to the west.

Toujours en forme de MOTODACHI, avancez le pied gauche d'un pas et exécutez CHUDANZUKI par le poing gauche, les yeux vers l'ouest.

⑧ 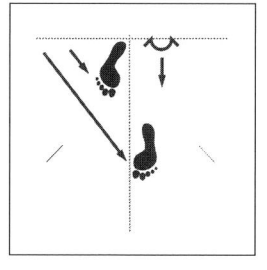 左足を南へ移動して前屈立ちとなり左腕で下段受け、左拳は脇へ引く。目付南。

Shift the left foot to the south and take a form of ZENKUTSUDACHI, with the left arm posed as GEDANUKE and the right fist drawn back to the flank, eyeing southwards.

Déplacez le pied gauche au sud et formez la pose de ZENKUTSUDACHI, le bras gauche en forme de GEDANUKE et le poing droit tiré au flanc. Les yeux sont fixés au sud.

平安二段　Heian-Nidan

⑨ 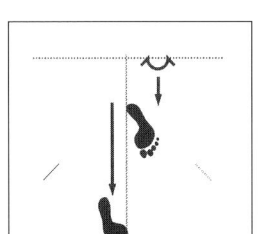 右足を同方向へ1歩前進して前屈立ちとなり右腕で上段受け、左拳は脇へ引く。目付南。

Move the right foot forward by one step to the same direction as it is and take a posture of ZENKUTSUDACHI with the right arm posed as JODANUKE and left fist drawn back to the flank, eyeing southwards.

Avancez le pied droit d'un pas sans déranger la direction et prenez la forme de ZENKUTSUDACHI en formant JODANUKE par le bras droit, le poing gauche tiré au flanc, les yeux vers le sud.

⑩ 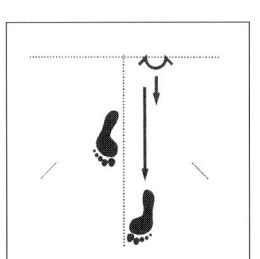 左足を同方向へ1歩前進して前屈立ちとなり左腕で上段受け、右拳は脇へ引く。目付南。

Move the left foot forward by one step to the same direction as it is and take a posture of ZENKUTSUDACHI with the left arm posed as JODANUKE and right fist drawn back to the flank, eyeing southwards.

Avancez le pied gauche d'un pas sans déranger la direction et prenez la forme de ZENKUTSUDACHI en formant JODANUKE par le bras gauche, le poing droit tiré au flanc, les yeux vers le sud.

⑪ 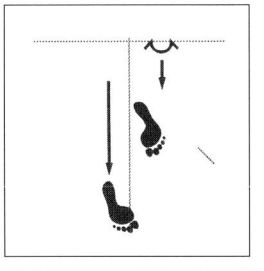 前屈立ちのまま同方向へ右足を1歩前進して右腕で上段受け、左拳は脇へ引く。目付南。

Keeping the form of ZENKUTSUDACHI, forward the right foot by one step in the same direction as it is, with the right arm posed as JODANUKE and left fist drawn back to the flank, eyeing southwards.

Toujours en forme de ZENKUTSUDACHI, avancez le pied droit d'un pas sans déranger la direction et exécutez JODANUKE par le bras droit, le poing gauche tiré au flanc et les yeux vers le sud.

⑫ 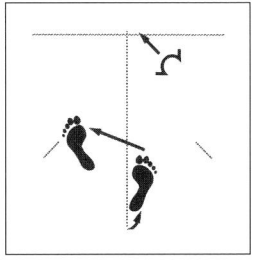 右足を軸にして斜め後方（北西）へ左足を踏み出して前屈立ちとなり左腕で下段受け、右拳は脇へ引く。目付北西。

Pivoting on the right foot, step the left foot backwards slantingly (or northwest) and stand in the form of ZENKUTSUDACHI, with the left arm posed as GEDANUKE and the right fist drawn back to the flank, eyeing northwest.

En pivotant sur le pied droit, faites reculer le pied gauche en arrière obliquement (au sens du nord-ouest) et prenez la pose de ZENKUTSUDACHI, le bras gauche en forme de GEDANUKE et le poing droit tiré au flanc. Les yeux sont fixés vers le nord-ouest.

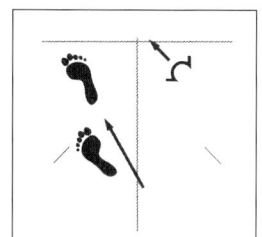

⑬ 右足を同方向へ1歩前進して基立ちとなり右拳で中段突き、左拳は脇へ引く。目付北西。

Forward the right foot by one step in the same direction as it is, and stand in the form of MOTODACHI, with the right fist posed as CHUDANZUKI and the left fist drawn back to the flank, eyeing northwest.

Avancez le pied droit d'un pas sans déranger la direction et prenez la forme de MOTODACHI en formant CHUDANZUKI par le poing droit, le poing gauche tiré au flanc, les yeux vers le nord-ouest.

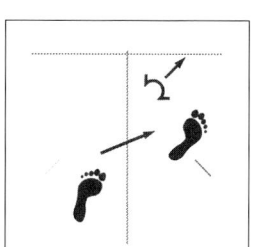

⑭ 右足を北東へ移動して前屈立ちとなり右腕で下段受け、左拳は脇へ引く。目付北東。

Shifting the right foot to the northeast, take a form of ZENKUTSUDACHI, with the right arm posed as GEDANUKE and the left fist drawn back to the flank, eyeing northeast.

Déplacez le pied droit au nord-est et prenez la forme de ZENKUTSUDACHI, en composant GEDANUKE du bras droit et tirant le poing gauche au flanc, les yeux vers le nord-est.

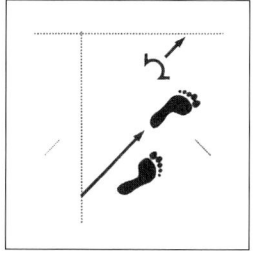

⑮ 左足を同方向へ1歩前進して基立ちとなり左拳にて中段突き、右拳は脇へ引く。目付北東。

Forward the left foot by one step in the same direction as it is, and stand in the form of MOTODACHI, with the left fist posed as CHUDANZUKI and the right fist drawn back to the flank, eyeing northeast.

Avancez le pied gauche d'un pas sans déranger la direction et prenez la forme de MOTODACHI en composant CHUDANZUKI du poing gauche et retirant le poing droit au flanc, les yeux vers le nord-est.

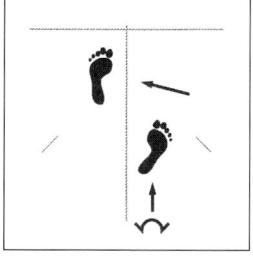

⑯ 左足を北へ移動して前屈立ちとなり左腕で下段受け、右拳は脇へ引く。目付北。

Shifting the left foot to the north, stand in the form of ZENKUTSUDACHI, with the left arm posed as GEDANUKE and the right fist drawn back to the flank, eyeing to the north.

Déplacez le pied gauche au nord et prenez la forme de ZENKUTSUDACHI en composant GEDANUKE du bras gauche, le poing droit retiré au flanc et les yeux vers le nord.

平安二段 Heian-Nidan

⑰ 右足を北へ1歩前進して基立ちとなり右拳で中段突き、左拳は脇へ引く。目付北。

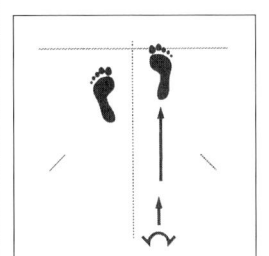

One step forward to the north by the right foot and stand in the form of MOTODACHI, with the right fist posed as CHUDANZUKI and the left fist drawn back to the flank, eyeing to the north.

Avancez au nord le pied droit d'un pas et formez la pose de NOTODACHI en composant CHUDANZUKI du poing droit, le poing gauche au flanc et les yeux au nord.

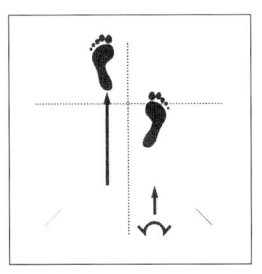

⑱ 基立ちのまま左足を1歩前進して左拳で中段突き、右拳は脇へ引く。目付北。

Keeping the form of MOTODACHI, forward the left foot by one step, with the left fist posed as CHUDANZUKI and the right fist drawn back to the flank, eyeing to the north.

Tout en tenant la forme de MOTODACHI, avancez le pied gauche d'un pas et exécutez CHUDANZUKI par le poing gauche et retirez le poing droit au flanc, les yeux vers le nord.

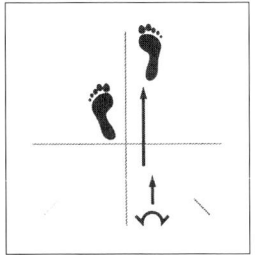

⑲ 基立ちのまま北へ1歩前進して右拳で中段突き、左拳は脇へ引く。目付北。

Keeping the form of MOTODACHI, forward to the north by one step, with the right fist posed as CHUDANZUKI and the left fist drawn back to the flank, eyeing to the north.

Toujours en forme de MOTODACHI, faites un pas vers le nord et exécutez CHUDANZUKI par le poing droit en retirant le poing gauche au flanc, les yeux au nord.

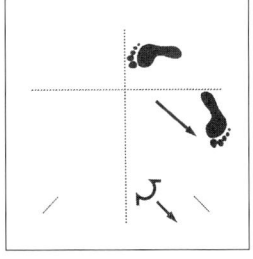

⑳ 右足を軸にして斜め後方(南東)へ左足を移動して四股立ちとなり左手刀で下段受け、右手は甲を下にして水月前に前腕を水平にして構える。目付南東。

Pivoting on the right foot, shift the left foot backwards slantingly (or southeast) and stand in the form of SHIKODACHI, composing GEDANUKE of the left SHUTO while placing the right hand with its back reversed and the forearm leveled in front of SUIGETSU. Eyes are set to the southeast.

En pivotant sur le pied droit, déplacez le pied gauche obliquement en arrière (au sens du sud-est) et tenez-vous en forme de SHIKODACHI, et en même temps, formez la pose de GEDANUKE par SHUTO gauche et celle de la main droite de façon à inverser son dos et porter l'avant-bras en face de SUIGETSU horizontalement. Les yeux sont fixés au sud-est.

㉑ 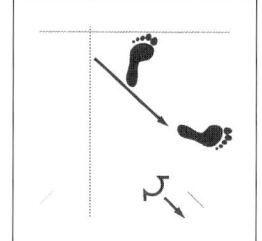 四股立ちのまま右足を同方向へ1歩前進して右手刀で下段受け、左手は甲を下にして水月前に構える。目付南東。

Keeping the form of SHIKODACHI, forward the right foot by one step in the same direction as it is, compose GEDANUKE of the right SHUTO and place the left hand in front of SUIGETSU, with its back downwards. Eyes are directed to the southeast.

Toujours en forme de SHIKODACHI, avancez le pied droit d'un pas sans déranger la direction, composez GEDANUKE de SHUTO droit et portez la main gauche en face de SUIGETSU à son dos inversé. Les yeux sont fixés au sud-est.

㉒ 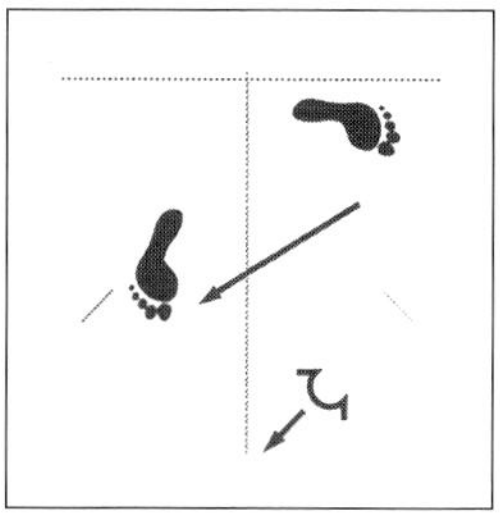 四股立ちのまま右足を南西へ移動して右で手刀下段受け、左は前腕を水平にして水月前に構える。目付南西。

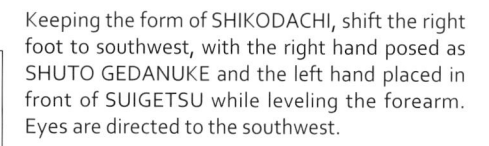

Keeping the form of SHIKODACHI, shift the right foot to southwest, with the right hand posed as SHUTO GEDANUKE and the left hand placed in front of SUIGETSU while leveling the forearm. Eyes are directed to the southwest.

Toujours en forme de SHIKODACHI, déplacez le pied droit au sud-ouest, composez SHUTO GEDANUKE du bras droit et placez la main gauche devant SUIGETSU à son inversé. Les yeux sont fixés vers le sud-ouest.

㉓ 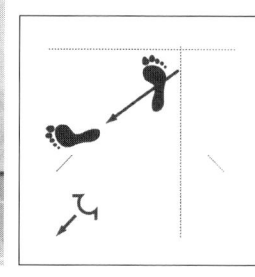 左足を四股立ちのまま同方向へ1歩前進して左手刀下段受け、右手は甲を下にして水月前に水平に構える。目付南西。

Keeping the form of SHIKODACHI, move the left foot forward by one step in the same direction as it is, compose HIDARI SHUTO GEDANUKE and place the right hand leveled in front of SUIGETSU with the back of the hand downwards.

Toujours en forme de SHIKODACHI, avancez le pied gauche d'un pas sans déranger la direction, composez HIDARI SHUTO GEDANUKE et portez la main droite devant SUIGETSU horizontalement à son dos baissé, les yeux vers le sud-ouest.

㉔ 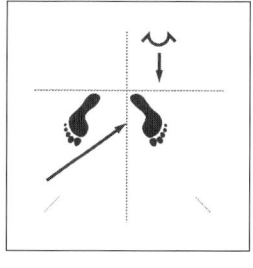 左足を右足横へ引いて外八字立ちとなり両拳はそれぞれ大腿部前に構える。目付残心にため約1呼吸南西次いで南。

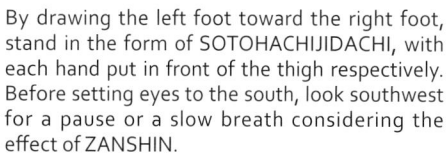

By drawing the left foot toward the right foot, stand in the form of SOTOHACHIJIDACHI, with each hand put in front of the thigh respectively. Before setting eyes to the south, look southwest for a pause or a slow breath considering the effect of ZANSHIN.

En tirant le pied gauche à côte du pied droit, tenez-vous en forme de SOTOHACHIJIDACHI et portez les deux poings devant les cuisses. Avant de diriger les yeux vers le sud, regardez au sud-ouest pour reprendre une haleine lente en tenant compte de l'effet de ZANSHIN.

平安二段 Heian-Nidan

㉕

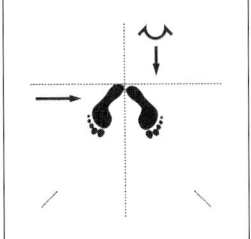

右足を左足に引きつけて結び立ちとなり両手は大腿部外側につける。目付南。

By drawing the right foot toward the left foot, form MUSUBIDACHI, with both hands attached to the side of each thigh, eyeing to the south.

En tirant le pied droit à côté du pied gauche, formez MUSUBIDACHI et portez les deux mains aux côtés des cuisses, les yeux vers le sud.

平安二段 ○ 型分解

Heian-Nidan ○ Facing performance
Heian-Nidan ○ Mise en action des formes face à face

型③、④の動作
Performance of form ③ and ④
Action par les formes ③ et ④

(1) 右上段突きで攻撃してくるのを猫足立ちとなると同時に左腕を伸ばして上にあげ、自分の頭部の外周を半円を描くごとくにして相手の腕を下に押さえてはずす。

Against the opponent with an attacking trick of MIGI JODANZUKI, take a pose of NEKOASHIDACHI. At the same time, straighten the left arm and lift it up. Hold down his attacking arm and shake it off using the raised left hand. In this action, move the hand as if drawing a semicircle along the periphery of your own head.

Contre l'adversaire qui vous donne un coup de MIGI JODANZUKI, prenez la forme de NEKOASHIDACHI. En même temps, étendez et levez le bras gauche. Baissez et secouez le bras droit de l'adversaire en employant le bras qui s'est levé. Pendant cette action, faites agiter le bras de façon à faire se dessiner un demi-cercle autour de vorte tête.

(2) 右中段逆突きにて極める。

Finish with MIGI CHUDAN GYAKUZUKI.

Finissez par MIGI CHUDAN GYAKUZUKI.

型⑧、⑨の動作
Performance of form ⑧ and ⑨
Action par les formes ⑧ et ⑨

(3) 蹴った足を踏み込んでさらに上段に突いてくるのを上段受けでかわし、

From the opponent's upward strike following his further kicking step, make a dodge swiftly on the strength of JODANUKE.

De l'attaque successive qu'il essaie à force du coup de pied déjà fait, esquivez agilement en employant JODANUKE.

平安二段 Heian-Nidan 35

(4) 右中段逆突きで極める。

Finish with MIGI CHUDAN GYAKUZUKI.

Finissez par MIGI CHUDAN GYAKUZUKI.

型⑳、㉑、㉒、㉓の動作
Performance of form ⑳, ㉑, ㉒, ㉓
Action par les formes ⑳, ㉑, ㉒, ㉓

(5) 右中段蹴りで攻撃してくるのを右斜め後方へ転身して四股立ちとなり、手刀にて下段に払う。

Against the opponent's kicking attack of MIGI CHUDANGERI, take a pose of SHIKODACHI after moving back obliquely to the right side and shake off his foot downwards using SHUTO.

Contre l'attaque de l'adversaire par un coup de pied MIGI CHUDANGERI, prenez la pose de SHIKODACHI en vous retirant obliquement au côté droit en arrière et secouez son coup de pied en employant SHUTO.

(6) 右拳にて中段逆突きして極める。

Finish with CHUDAN GYAKUZUKI by a right fist blow.

Finissez par CHUDAN GYAKUZUKI d'un coup du poing droit.

平安三段
Heian-Sandan

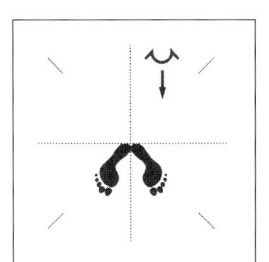

① 結び立ちとなり、両手は両大腿部外側につけて伸ばす。目付南。

Stand in the right form of MUSUBIDACHI, with both hands attached to the thighs, fingers straightened and eyes southwards.

Mettez-vous debout en forme de MUSUBI-DACHI, les deux mains attachées aux cuisses à doigts joints et baissés, et les yeux vers le sud.

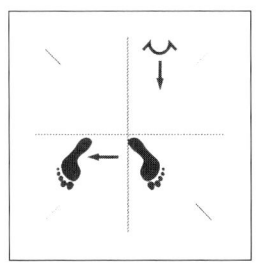

② 右足を横に開いて外八字立ちとなり両手は握り大腿部前面に構える。目付南。

Take a pose of SOTOHACHIJIDACHI by moving the right foot horizontally, clenching the fists, putting them properly in front of each thigh and keeping eyes southwards.

Formez la pose de SOTOHACHIJIDACHI en mouvant horizontalement le pied droit, chacun des poings serré et les mettant devant les cuisses d'une façon propre, toujours les yeux vers le sud.

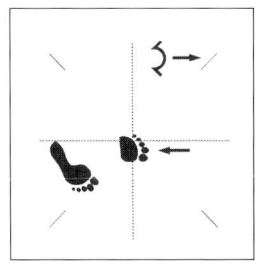

③ 左（東）へ向き猫足立ちとなり左腕は中段受け、右拳は脇へ引く。目付東。

Turn to the left (east) and stand in the form of NEKOASHIDACHI. Then, assume a posture of CHUDANUKE by the left hand, drawing back the right fist to the flank, with eyes toward the east.

Tournez-vous à gauche (l'est) et formez la pose de NEKOASHIDACHI. Puis, prenez la posture de CHUDANUKE par la main gauche et retirez le poing droit au flanc, les yeux vers l'est.

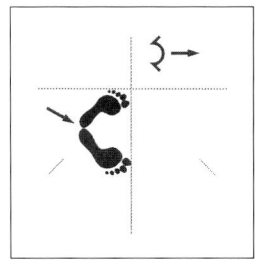

④ 左足へ右足を引きつけて結び立ちとなり右腕は中段受けと左腕は下段受け、両前腕を体の中央で交差させて寄り受ける。目付東。

By drawing the right foot toward the left foot, stand in the form of MUSUBIDACHI, with the right arm posed as CHUDANUKE and the left arm as GEDANUKE. In taking such a posture, let both forearms cross each other in the central position of the body and make them twined to make up a form of UKE, with eyes toward the east.

En tirant le pied droit à côte du pied gauche, formez MUSUBIDACHI. Puis, portez le bras droit en CHUDANUKE, le bras gauche en GEDANUKE. De plus, croisez les deux avant-bras au milieu du torse et faites s'enlacer les deux avant-bras afin d'achever une forme de UKE. Les yeux se dirigent vers l'est.

⑤

写真④の正面。

Front view of ④.

Vue de face du ④.

⑥

位置および立ち方、前のままで左腕で中段受けと右腕で下段受け。目付東。

With the same position and standing posture as those of ④, make the left arm posed as CHUDANUKE and the right arm as GEDANUKE, eyeing east.

Avec la même position et la même posture debout que celles du ④, portez le bras gauche en CHUDANUKE et le bras droit en GEDANUKE, les yeux vers l'est.

⑦

写真⑥の正面。

Front view of ⑥.

Vue de face du ⑥.

⑧

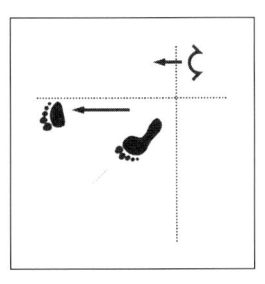

後ろ（西）へ向き右足を出して猫足立ちとなり右腕で中段受け、左拳は脇へ引く。目付西。

Turn round to the rear (west). Then, putting the right foot forward, take a form of NEKO-ASHIDACHI, with the right arm posed as CHUDANUKE and the left fist drawn back to the flank, eyeing to the west.

Le dos tourné (l'ouest) et le pied droit en avant, tenez-vous debout en forme de NEKOASHI-DACHI, le bras droit en CHUDANUKE et le poing gauche retiré au flanc. Les yeux sont dirigés vers l'ouest.

平安三段　Heian-Sandan　39

⑨ 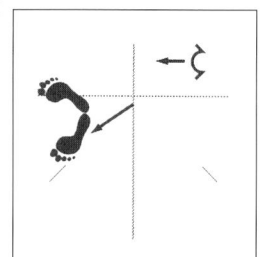 右足へ左足を引きつけて結び立ちとなり左腕で中段受け、右腕で下段受け。目付西。

By drawing the left foot toward the right foot, stand in the form of MUSUBIDACHI, with the left arm posed as CHUDANUKE and the right arm as GEDANUKE, eyeing west.

En tirant le pied gauche à côte du pied droit, formez MUSUBIDACHI, avec le bras CHUDAN-UKE et le bras droit en GEDANUKE. Dirigez les yeux vers l'ouest.

⑩ 位置および立ち方そのままで両腕を交差させながら右腕で中段受け、左腕で下段受け。目付西。

With the same position and standing posture as those of ⑨, make the right arm posed as CHUDANUKE and the left arm as GEDANUKE, letting both arms cross each other. Eye direction is west.

Avec la même position et la même posture debout que celles du ⑨, portez le bras en CHUDANUKE et le bras gauche en GEDANUKE en faisant se croiser les deux bras, les yeux vers l'ouest.

⑪ 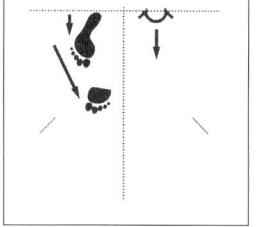 左足を南へ出して猫足立ちとなり左腕で中段受け、右拳は脇へ引く。目付南。

Put the left foot to the south and stand in the form of NEKOASHIDACHI, with the left arm posed as CHUDANUKE and the right fist drawn back to the flank. Eye direction is south.

Le pied gauche en avant sur le sud, tenez-vous en NEKOASHIDACHI avec le bras gauche en CHUDANUKE et le poing droit retiré au flanc. Les yeux vers le sud.

⑫ 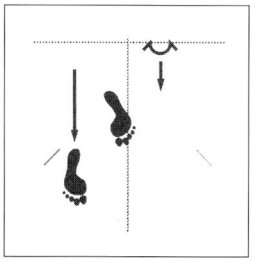 右足を南へ1歩前進して基立ちとなり右手で四本貫手で突く。左拳は脇へ引く。目付南。

With the right foot one step forward to the south, stand in the form of MOTODACHI and give a TSUKI (thrust) using YONHONNUKITE (four finger action) by the right hand, the left fist drawn back to the flank. Eyes are set to the south.

Avancez le pied droit d'un pas vers le sud et tenez-vous en MOTODACHI et donnez un coup de TSUKI employant YONHONNUKITE ou le jeu des quatre doigts de la main droite en retirant au flanc le poing gauche. Les yeux sont dirigés sur le sud.

⑬

写真⑫の側面。

Performance of ⑫ as viewed from the side.

Profil de l'action ⑫.

⑭

右足を少し前へ進め爪先を内に向け膝を伸ばし左足の膝を曲げ、突いた貫手は掌を前に向けて甲を腰部側面につける。目付南。

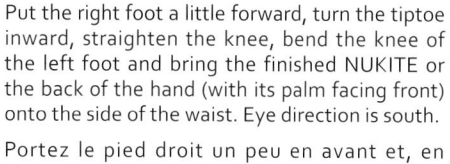

Put the right foot a little forward, turn the tiptoe inward, straighten the knee, bend the knee of the left foot and bring the finished NUKITE or the back of the hand (with its palm facing front) onto the side of the waist. Eye direction is south.

Portez le pied droit un peu en avant et, en tournant la pointe du pied en dedans, redressez le genou droit. D'ailleurs, pliez le genou du pied gauche et mettez le NUKITE (la main dont le coup est fini) de façon à porter sa paume en face et son dessus attaché au flanc (des reins). Les yeux sont dirigés au sud.

⑮

写真⑭の側面。

Performance of ⑭ as viewed from the side.

Profil de l'action ⑭.

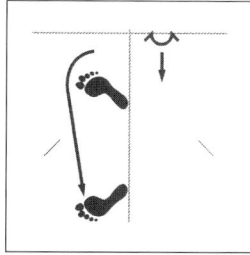

⑯

右足を軸にして体を回し、左足を踏み出して四股立ちとなり左腕で肩の高さを横に払う。右拳は脇へ引く。目付南。

Pivoting on the right foot, turn the body, step up the left foot and take a posture of SHIKODACHI, then, let the left arm sway horizontally at the level of shoulder and draw back the right fist to the flank. Eye direction is south.

En pivotant sur le pied droit, tournez-vous pour former SHIKODACHI. Puis, secouez le bras gauche horizontalement au niveau de l'épaule, le poing retiré au flanc et les yeux vers le sud.

平安三段 Heian-Sandan

⑰

写真⑯の側面。

Performance of ⑯ as viewed from the side.

Profil de l'action ⑯.

⑱

右足を同方向へ1歩前進して基立ちとなり右拳で中段突き、左拳は脇へ引く。目付南。

One step forward by the right foot in the same direction as it is, and stand in the form of MOTODACHI, with the right fist posed as CHUDANZUKI and the left fist drawn back to the flank, eyeing southwards.

Avancez le pied droit d'un pas sans déranger la direction et prenez la forme de MOTODACHI avec la posture de CHUDANZUKI par le poing droit et le recul du poing gauche au flanc, les yeux vers le sud.

⑲

右足を軸にして後ろ（北）を向き左足を引きつけて結び立ちとなり、両拳は甲を前に向けて左右の腰骨上部に当て、肘を横に張る。

Pivoting on the right foot, turn about northwards and draw the left foot to the right one to shape up MUSUBIDACHI, with both arms akimbo and both fists (their backs facing front) put on the upside of each hunklebone.

En pivotant sur le pied droit, tournez-vous en arrière ou vers le nord, tirez le pied gauche près de celui-là pour prendre la forme MUSUBIDACHI, les deux poings (dont les dessus sont en face) sur la partie haute de l'os de la hanche.

⑳

写真⑲の側面。

Performance of ⑲ as viewed from the side.

Profil de l'action ⑲.

㉑

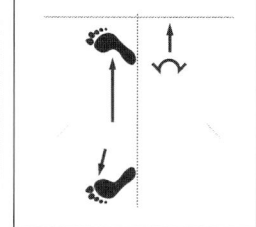

右足を前（北）へ出して四股立ちとなり右肘を腹部前側面まで出す。

Put the right foot forward (northwards) and take a form of SHIKODACHI, with the right elbow bent outwards (up to the side of belly).

Avancez le pied droit sur le nord, tenez-vous en forme de SHIKODACHI et faites courber le coude droit en le portant en avant à côté du ventre.

㉒

写真㉑の側面。

Performance of ㉑ as viewed from the side.

Profil de l'action ㉑.

㉓

そのままの姿勢で下より右拳にて中段突きして、ただちに元の位置へ引く。

With the same posture as ㉑, perform CHUDANZUKI from below using the right fist and draw it back to where it was.

En tenant la même posture que celle de ㉑, donnez un coup CHUDANZUKI de dessous par le poing droit et remettez-le à sa place.

㉔

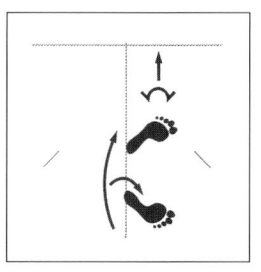

四股立ちのまま１歩前進し左肘を腹部前側面へ出す。目付北。

Keeping SHIKODACHI as posed and one step forward, spread out the left elbow at the side in front of the belly, with eyes northwards.

Avec la pose de SHIKODACHI et un pas en avant, mettez le coude gauche au flanc devant le ventre, les yeux vers le nord.

平安三段　Heian-Sandan

㉕ 姿勢そのままで左拳で中段突きを行ない、ただちに元の位置へ引く。目付北。

With the same posture as that of ㉔, perform CHUDANZUKI by left fist and lose no time to draw it back to where it was. Eye direction is north.

En tenant la même posture que celle de ㉔, exécutez CHUDANZUKI par le poing gauche et remettez-le à sa place tout de suite, les yeux vers le nord.

㉖ 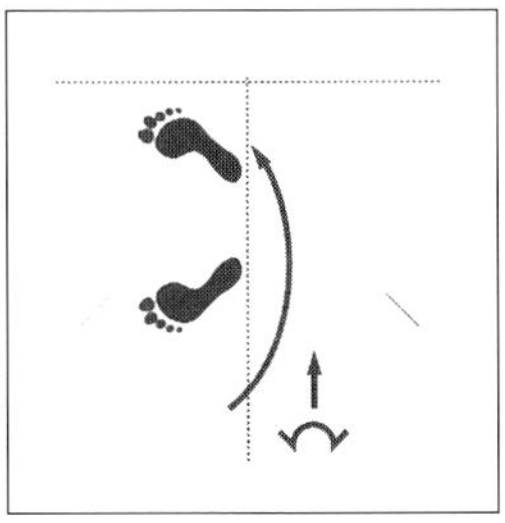 四股立ちのまま1歩前進し右肘を腹部前側面へ出す。目付北。

Without changing the pose of SHIKODACHI, move one step forward and spread out the right elbow at the side in front of the belly, with eyes northwards.

Sans changer la pose de SHIKODACHI, faites un pas en avant et mettez le coude droit au flanc devant le ventre, les yeux vers le nord.

㉗ 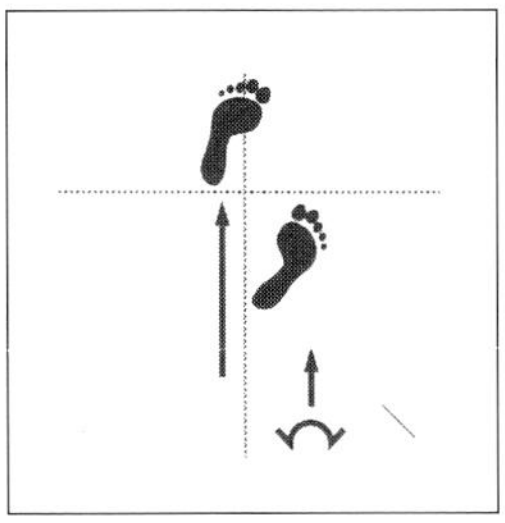 左足を1歩前進して基立ちとなり左中段突き。目付北。

One step forward by the left foot and stand in the form of MOTODACHI with a pose of HIDARI CHUDANZUKI. Eye direction is north.

Faites un pas en avant par le pied gauche, tenez-vous en MOTODACHI et exécutez HIDARI CHUDANZUKI, les yeux vers le nord.

㉘ 写真㉗の側面。

Performance of ㉗ as viewed from the side.

Profil de l'action ㉗.

㉙ 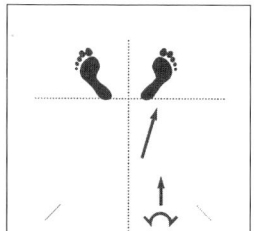 左足の横に右足を進め外八字立ちとなる。突いた左拳はそのままの位置に置く。目付北。

Moving the right foot to the side of the left foot, take a posture of SOTOHACHIJIDACHI, without changing position of the left fist that has executed TSUKI. Eye direction is north.

En mouvant le pied droit à côté du pied gauche prenez la posture de SOTOHACHIJIDACHI. Portez le poing gauche sans changer sa position, les yeux vers le nord.

㉚ 写真㉙の側面。

Performance of ㉙ as viewed from the side.

Profil de l'action ㉙.

㉛ 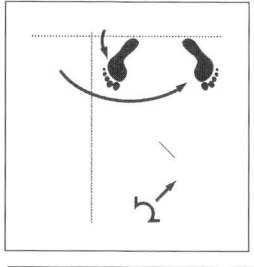 外八字立ちのまま右足を軸にして後ろに回り、右拳で左肩後方を突くようにして右腕全体を肩の高さに上げると同時に左肘で後方へ当てる。目付北東。

Keeping the posture of SOTOHACHIJIDACHI and pivoting on the right foot, turn round in the rear. Then, raise the whole right arm to the level of shoulder together with an action of thrusting the direction behind the left shoulder by use of the right fist, and at the same time, move the left elbow sharply backwards. Eyes are set to the northeast.

Sans changer la posture de SOTOHACHIJIDACHI et en pivotant sur le pied droit, retournez-vous vivemement et levez le bras entier au niveau de l'épaule de façon à donner un coup au sens derrière l'épaule gauche, et en même temps, faites agir le coude gauche pour le coup en arrière. Les yeux se dirigent sur le nord-est.

㉜ 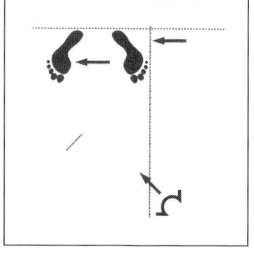 外八字立ちのまま両足を半歩右へ移動し左拳で左肩後方を突くようにして右腕全体を肩の高さに上げると同時に後方へ当てる。目付北西。

Keeping the posture of SOTOHACHIJIDACHI, shift the feet to the right by half a step. Then, raise the whole right arm to the level of shoulder together with an action of giving a thrust to the direction behind the left shoulder, and at the same time, move back the right elbow sharply. Eye direction is northwest.

Sans changer la posture de SOTOHACHIJIDACHI, déplacez à droite les jambes d'un demi-pas et levez le bras droit entier au niveau de l'épaule de façon à donner un coup au sens derrière l'épaule gauche. Simultanément, lancez un coup en arrière par le coude droit. Les yeux se dirigent ver le nord-ouest.

平安三段 Heian-Sandan

㉝ 外八字立ちのまま、左足、右足と交互に半歩左へ移動し両拳を大腿部前に構える。目付南。

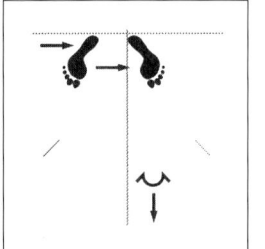

Keeping the pose of SOTOHACHIJIDACHI, shift to the left by moving each foot alternately by half a step and place each fist in front of thighs. Eyeing southwatds.

Sans changer la posture de SOTOHACHIJI-DACHI, déplacez-vous en faisant alterner le pied gauche avec le pied droit tour à tour et portez chacun des poings devant les cuisses, les yeux vers le sud.

㉞ 右足を左足に引きつけて結び立ちとなり両手は開いて体の両側に伸ばす。

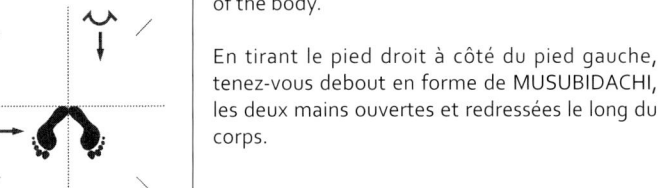

Drawing the right foot to the left foot, stand in the proper form of MUSUBIDACHI, with both hands opened and straightened along each side of the body.

En tirant le pied droit à côté du pied gauche, tenez-vous debout en forme de MUSUBIDACHI, les deux mains ouvertes et redressées le long du corps.

平安三段○型分解

Heian-Sandan ○ Facing performance
Heian-Sandan ○ Mise en action des formes face à face

型①から⑩までの動作
Performance of form ① to ⑩
Action par les formes ① à ⑩

（1）　右中段突きで攻撃してくるのを体を右斜め後方へ転身して、右中段受けする。

Agains the opponent's attack using MIGI CHUDANZUKI, dodge backwards to the right obliquely and take a form of MIGI CHUDANUKE.

Contre l'attaque de l'adversaire qui emploie MIGI CHUDANZUKI, parez son coup en vous tournant obliquement à droit en arrière pour exécuter MIGI CHUDANUKE.

（2）　さらに左中段逆突きで攻撃してくるのを右手で下段受けする。

From his futher attack exercising HIDARI CHUDAN GYAKUZUKI, defend yourself by GEDANUKE using the right hand.

Contre son attaque répétée par HIDARI CHUDAN GYAKUZUKI, défendez-vous en exécutant GEDANUKE par la main droite.

（3）　下段受け後ただちに右裏拳で上段を打つ。

Immediately after GEDANUKE, strike him on the upper part by use of MIGI URAKEN.

Immédiatement après GEDANUKE, donnez-lui haut un coup de MIGI URAKEN.

型 ⑪ から ⑱ までの動作
Performance of form ⑪ to ⑱
Action par les formes ⑪ à ⑱

(4)　右中段突きで攻撃してくるのを右斜め後方へ転身し、猫足立ちとなり中段受けをする。

Against the attack by MIGI CHUDANZUKI, dodge backwards obliquely to the right and perform CHUDANUKE by taking a posture of NEKOASHIDACHI.

Contre l'attaque par MIGI CHUDANZUKI, parez le coup en vous tournant à droit en arrière obliquement pour exécuter CHUDANUKE avec la posture de NEKOASHIDACHI.

(5)　右足を1歩前進して右中段突きをする。相手が中段突きする手首を下よりとる。

One step forward by the right foot and perform MIGI CHUDANZUKI, while the opponent seizes you by the wrist from below.

Avancez le pied droit d'un pas et exécutez MIGI CHUDANZUKI, tandis que l'adversaire vous saisit par le poignet de dessous.

(6)　とった腕を回して逆業を掛けんとする。

He tried to set about GYAKUWAZA by twisting your arm he has held.

Il essaie de poser GYAKUWAZA en tordant votre bras qu'il a retenu.

(7)　相手の逆業にさからわずに右足を軸に回り込んで四股立ちとなり、相手の腕を前腕および拳槌にて打ち払う。

By pivoting well on the right foot without resisting the counterattack GYAKUWAZA in a natural manner, stand in the form of SHIKODACHI to hold down the opponent's arm by your forearm and KENTSUI just as illustrated.

En pivotant bien sur le pied droit sans résister à la contre-attaque de GYAKUWAZA à la manière naturelle, tenez-vous en forme de SHIKODACHI pour abattre le bras de l'adversaire à force de votre avant-bras et KENTSUI. (Voyez la photo.)

(8) 腰をひねり右中段突きで極める。

Finish with MIGI CHUDANZUKI by twisting the waist.

Finissez par MIGI CHUDANZUKI en tordant les hanches.

型⑲から㉘までの動作
Performance of form ⑲ to ㉘
Action par les formes ⑲ à ㉘

(9) 右中段突きで攻撃してくるのを右足を左足後ろへ引いて転身すると同時に、左肘にて当てて流す。

Agains the opponent's attack using MIGI CHUDANZUKI, draw the right foot behind the left foot to change your position and, by use of your left elbow, let his blow pass.

Contre l'attaque de l'adversaire employant MIGI CHUDANZUKI, retirez le pied droit derrière le pied gauche pour changer votre position. En même temps, laissez passer son coup en contact avec votre coude gauche.

(10) ただちに左腕を伸ばして中段突き。

Lose no time to stretch out the left arm to perform CHUDAN-ZUKI.

Lancez le bras gauche en avant pour exécuter CHUDANZUKI tout de suite.

(11) 腰をひねって右中段突きで極める。

Finish with MIGI CHUDANZUKI by twisting the waist.

Finissez par MIGI CHUDANZUKI en tordant les hanches.

平安三段　Heian-Sandan

型 ㉜、㉝ の動作
Performance of form ㉜ and ㉝
Action par les formes ㉜ et ㉝

(12) 後より両腕にて組みつかれる。

You are pinioned from behind.

Vous êtes enchaîné par l'arrière, les bras liés.

(13) (12)の正面。

Front view of (12).

Vue de face du (12).

(14) 右足を横に開いて四股立ちとなり同時に右拳で後方上段に突くようにして腕を肩の高さに上げて相手の腕をはずし、左肘で後方相手の水月に当てる。

Open the right foot horizontally to stand in the form of SHIKODACHI. At the sam time, raise the right arm to the level of shoulder with an action of making a right fist's upper thrust (JODANZUKI) backwards so as to untie his tying arms while placing the left elbow on his SUIGETSU.

Ouvrez le pied droit horizontalement pour avoir la forme de SHIKODACHI. Simultanément, levez le bras droit à l'adversaire derrière vous pour vous délier de l'immobilisation qu'il vous a portée. En ainsi ôtant ses bras liés, donnez lui un coup de coude gauche à son creux de l'estomac ou SUIGETSU.

(15) (14)の正面。

Front view of (14).

Vue de face du (14).

平安四段
Heian-Yodan

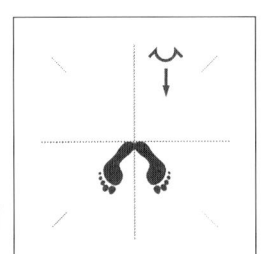

① 結び立ちとなり両手は両大腿部外側につけて伸ばす。目付南。

Stand in the proper form of MUSUBIDACHI, with both hands attached to the thighs, fingers straightened and eyes southwards.

Mettez-vous debout en forme de MUSUBI-DACHI, les deux mains attachées aux cuisses à doigts joints et baissés, et les yeux vers le sud.

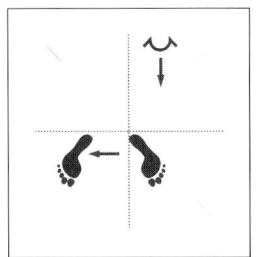

② 右足を横に開いて外八字立ちとなり両手は握り大腿部前面に構える。目付南。

Take a pose of SOTOHACHIJIDACHI by moving the right foot horizontally, clenching the fists, putting them properly in front of each thigh and keeping eyes southwards.

Formez la pose de SOTOHACHIJIDACHI en mouvant horizontalement le pied droit, chacun des poings serrés et les mettant devant les cuisses d'une façon propre, toujours les yeux vers le sud.

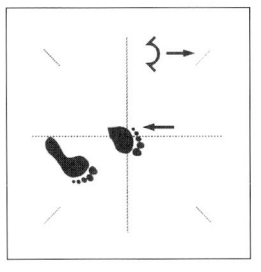

③ 体を左（東）へ向けて猫足立ちとなり左手は開き、手甲側小手にて中段受けをし、右手は開いて右側頭部前に構える。目付東。

Turn to the left (east) and stand in the form of NEKOASHIDACHI, with the left hand open to perform CHUDANUKE by use of SHUTO and the right hand also open to be placed in front of the right side of head, eyeing eastwards.

Tournez-vous à gauche et formez la pose de NEKOASHIDACHI, puis, prenez la posture de CHUDANUKE par la main gauche ouvrée avec SHUTO tandis que la main droite, aussi ouverte, est portée à droit devant la tête, les yeux vers l'est.

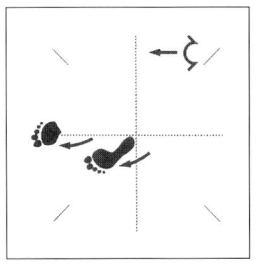

④ 体を西に向けて猫足立ちとなり右手は手甲側小手にて中段受け、左手は左側頭部前面に構える。目付西。

Turn to the west to form NEKOASHIDACHI with the right hand in the shape of SHUTO posed as CHUDANUKE and the left hand placed in front of the head on the left side, eyeing west.

Tournez-vous à l'ouest et formez NEKOASHI-DACHI et composez CHUDANUKE de la main droite en forme de SHUTO. Et portez la main gauche dans le même sens devant la tête, les yeux vers l'ouest.

⑤

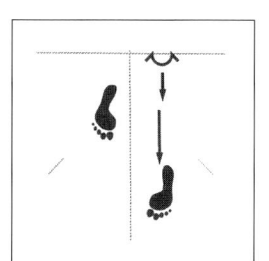

左足を南へ1歩踏み込んで前屈立ちとなり左手を下にして左右の前腕を交差したまま体の中央下方へ落とす。目付南。

One step forward to the south by the left foot to form ZENKUTSUDACHI, making both forehands (with the left on below) cross each other in front. Then, let them drop onto the center of the body, eyeing southwards.

Avancez le pied gauche d'un pas de plus et formez ZENKUTSUDACHI. Puis, faites se croiser les avant-bras (le bras gauche en dessous). Ensuite, laissez-les tomber au milieu du corps, les yeux vers le sud.

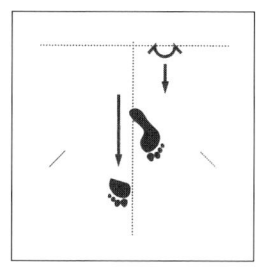

⑥

右足を1歩前進して猫足立ちとなり右腕で中段受けをする。左手は甲を下にして水月前に水平にして構える。目付南。

Forward the right foot by one step and shape up NEKOASHIDACHI with the right arm posed as CHUDANUKE, placing the left hand (its back toward the floor) in front of SUIGETSU horizontally. Eye direction is south.

Avancez le pied droit d'un pas et formez NEKOASHIDACHI pour composer la pose de CHUDANUKE par le bras droit. Et portez la main gauche (son dos vers le sol) devant SUIGETSU horizontalement. Les yeux sont dirigés sur le sud.

⑦

写真⑥の側面。

Performance of ⑥ as viewed from the side.

Profil de l'action ⑥.

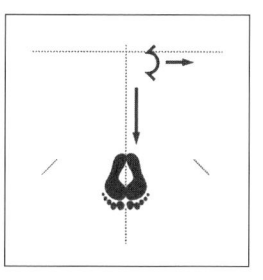

⑧

右足へ左足を引きつけて閉足立ちとなり、右拳は脇へ引き、左腕は甲を上にして前腕を水月前に水平に構える。目付東。

By joining the left foot to the right foot, take a form of HEISOKUDACHI, with the right fist drawn back to the flank, the back of the left arm toward the ceiling and the forearm leveled in front of SUIGETSU. Eyes are set to the east.

Joignez le pied gauche au pied droit et tenez-vous en HEISOKUDACHI, le poing droit retiré au flanc, le dos du bras gauche vers le ciel et l'avant-bras porté horizontalement devant SUIGETSU. Les yeux se dirigent sur l'est.

平安四段 Heian-Yodan

⑨

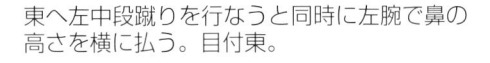

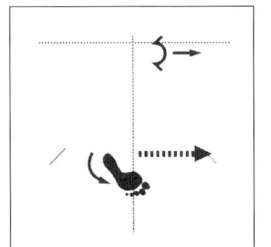

東へ左中段蹴りを行なうと同時に左腕で鼻の高さを横に払う。目付東。

Perform HIDARI CHUDANGERI toward the east and, at the same time, make a sweep with the left arm at a level of the nose as illustrated. Eyes are set to the east.

Exécutez HIDARI CHUDANGERI sur l'est et, en même temps, faites agir le bras gauche d'un geste large au niveau du nez comme illustré à gauche. Les yeux se dirigent vers l'est.

⑩

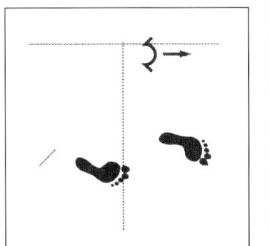

蹴った左足を前におろして前屈立ちとなり左手は開いて体の前に曲げ、右拳は甲を上にして左前腕内側に右肘当てする。目付東。

By getting down the left foot (that has finished CHUDANGERI), stand in the form of ZENKUTSU-DACHI, with the left hand open and bent toward you, the back of the right fist upwards and the right elbow stretched out as illustrated. Eyes are set to the east.

Faites tomber en face le pied gauche qui a fait CHUDANGERI et prenez la posture de ZENKUTSUDACHI avec la main gauche ouverte et pliée devant le torse, le dos du poing droit dirigé en dessus et le coude écarté comme illustré à gauche. Les yeux se dirigent vers l'est.

⑪

写真⑩の前面。

Front view of ⑩.

Vue de face du ⑩.

⑫

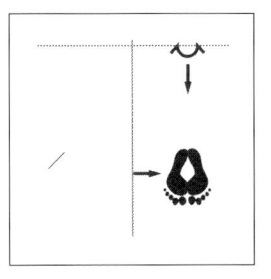

右足を左足へ引き閉足立ちとなり左拳は脇へ引き、右手は甲を上にして前腕を水月前に水平に構える。目付西。

Join the right foot to the left foot to take a posture of HEISOKUDACHI, with the left fist drawn back to the flank, the back of the right hand put upwards and the right forearm placed before SUIGETSU horizontally. Eyes direction is west.

Joignez le pied droit au pied gauche et tenez-vous en HEISOKUDACHI, le poing gauche retiré au flanc, le dos de la main droite dirigée en haut et son avant-bras porté horizontalement devant SUIGETSU. Les yeux sont dirigés sur l'ouest.

⑬

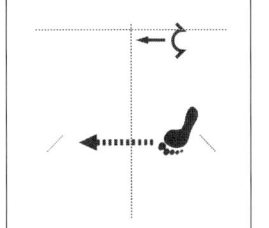

西へ右中段蹴りを行なうと同時に右腕で鼻の高さを横に払う。目付西。

Perform MIGI CHUDANGERI and lose no time to make a sweep with the right arm at a level of the nose, eyeing west.

Exécutez MIGI CHUDANGERI et immédiatement, faites agir le bras droit d'un geste large au niveau du nez, les yeux vers l'ouest.

⑭

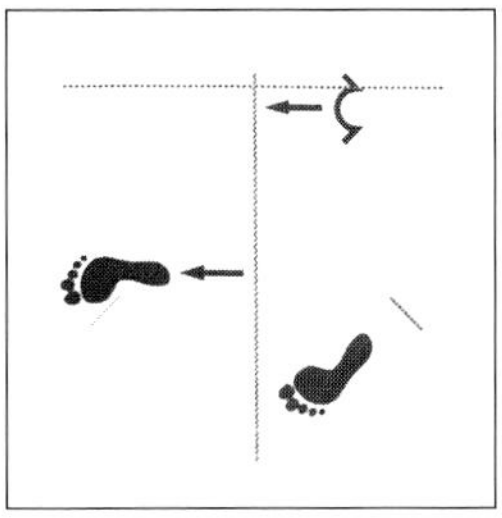

蹴った足を前におろして前屈立ちとなり右前腕内側に左肘当てする。目付西。

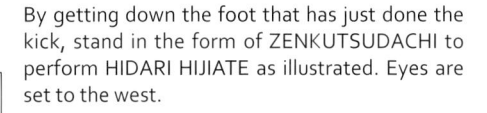

By getting down the foot that has just done the kick, stand in the form of ZENKUTSUDACHI to perform HIDARI HIJIATE as illustrated. Eyes are set to the west.

Faites tomber en face le pied qui vient de faire un coup, et prenez la forme de ZENKUTSUDACHI pour exécuter HIDARI HIJIATE comme illustré ici. Les yeux se dirigent vers l'ouest.

⑮

写真⑭の前面。

Front view of ⑭.

Vue de face du ⑭.

⑯

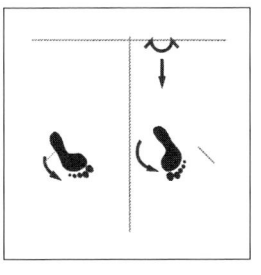

両膝を伸ばして体を起こして南へ向き右手は掌にて下より肩の高さまで掬い上げ、左手は掌を前に向け前額部前に構える。目付南。

With both knees and the body itself straightened, face to the south. In this performance, raise the right hand to the level of shoulder as if scooping up something from the bottom while the left hand is to be put in front of the forehead, with the palm facing front. Eyes are set to the south.

Les genoux bien tendus et le torse redressé, tournez-vous vers le sud. Avec cette action, levez la main droite au niveau de l'épaule de façon à puiser de l'eau dans le paume. D'autre part, portez la main gauche devan le front en dirigeant le paume en face. Les yeux sont fixés vers le sud.

平安四段 Heian-Yodan

⑰

写真⑯の側面。

Performance of ⑯ as viewed from the side.

Profil de l'action ⑯.

⑱

手はそのままで右で中段蹴りを行なう。

Keeping the hands in the same posture, perform MIGI CHUDANGERI.

Sans changer la posture des mains, exécutez MIGI CHUDANGERI.

⑲

写真⑱の側面。

Performance of ⑱ as viewed from the side.

Profil de l'action ⑱.

⑳

蹴った足を前におろしながら左手にて中段を下に払う。写真側面。目付南。

While getting down the kicking foot, sway down the left hand. Side view. Eye direction is south.

En faisant tomber en face le pied qui a fait le coup, lancez la main gauche au bas. Vue latérale. Les yeux sont dirigés sur le sud.

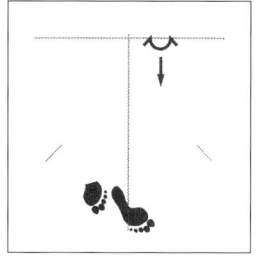

㉑ 交差立ちとなり左拳は脇へ引き右拳で上段へ裏打ちする。目付南。

Stand in the form of KOSADACHI, with the left fist drawn back to the flank and the right fist taking an upward from as URAUCHI, eyeing south.

Tenez-vous en KOSADACHI, le poing gauche retiré au flanc et le poing droit en forme de URAUCHI ou un coup de bas en haut. Les yeux sont fixés au sud.

㉒ 写真㉑の側面。

Performance of ㉑ as viewed from the side.

Profil de l'action ㉑.

㉓ 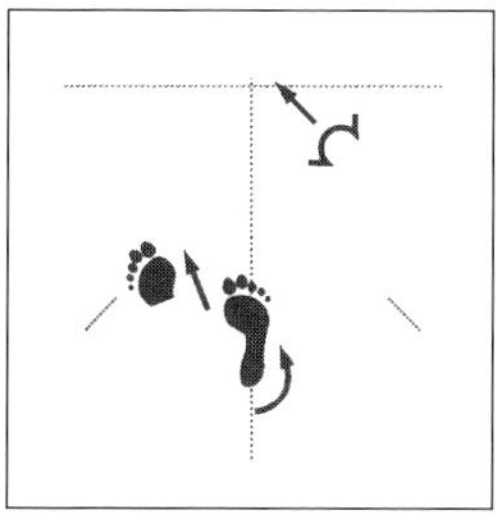 両足の位置そのままで後方（北西）へ体を回して猫足立ちとなり左腕で中段受け、右拳は脇へ引く。目付北西。

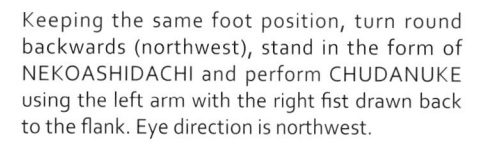

Keeping the same foot position, turn round backwards (northwest), stand in the form of NEKOASHIDACHI and perform CHUDANUKE using the left arm with the right fist drawn back to the flank. Eye direction is northwest.

Sans changer la position des pieds, tournez-vous en arrière (le nord-ouest) et prenez la posture de NEKOASHIDACHI, le bras gauche mis en CHUDANUKE et le poing droit retiré au flanc. Les yeux sont dirigés vers le nord-ouest.

㉔ 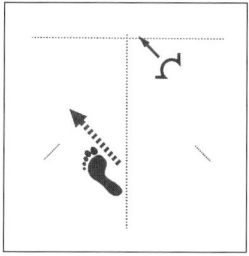 右足で北西へ中段蹴り。目付北西。

Perform CHUDANGERI toward the northwest, eyes set to the same direction.

Exécutez CHUDANGERI sur le nord-ouest, les yeux dirigés dans le même sens.

平安四段　Heian-Yodan　57

㉕

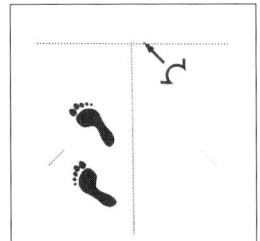

蹴った足を前（北西）におろし基立ちとなり右拳で中段突きを行なう。左拳は脇へ引く。目付北西。

Getting down the kicking foot in front (northwest), stand in the form of MOTODACHI to perform CHUDANZUKI using the right fist, with the left fist drawn back to the flank and toward the northwest.

En faisant tomber en face (le nord-ouest) le pied qui a fait le coup, tenez-vous en forme de MOTODACHI et exécutez CHUDANUKE par le poing droit, le poing gauche retiré au flanc et les yeux vers le nord-ouest.

㉖

位置および立ち方そのままで左拳で中段突き。写真㉕、㉖は連続突き。

Keeping the same position and standing posture as those of ㉕, perform CHUDANZUKI by the left fist. Photos ㉕ and ㉖ show a series of blows.

Avec la même position et le même pose debout que ceux de ㉕, exécutez CHUDANZUKI par le poing gauche. Les photos ㉕ et ㉖ montrent une série de ces coups.

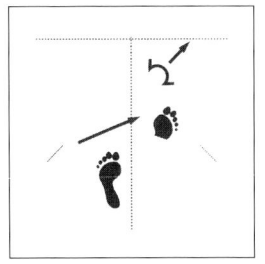

㉗

右足を北東へ移動して猫足立ちとなり右腕で中段受け、左拳は脇へ引く。目付北東。

Shift the right foot toward the northeast, then, pose as NEKOASHIDACHI, with the right arm shaping up CHUDANUKE and thd left fist drawn back to the flank. Eyes are set to the northeast.

Déplacez le pied droit sur le nord-est et formez NEKOASHIDACHI, puis, composez CHUDANZUKI du bras droit, le poing gauche retiré au flanc. Les yeux se dirigent vers le nord-est.

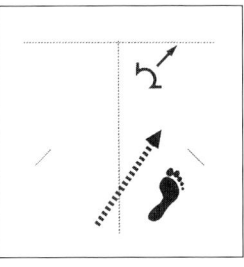

㉘

左足で同方向へ中段蹴り。

Perform CHUDANGERI by the left foot in the same direction as it is.

Exécutez CHUDANGERI par le pied gauche dans le sens auquel il se dirige.

㉙

蹴った足を前へおろして基立ちとなり左中段突き。目付北東。

Getting down the kicking foot in front, stand in the form of MOTODACHI and perform HIDARI CHUDANZUKI, eyeing northeast.

Faites tomber en face le pied qui vient de donner le coup et tenez-vous en MOTODACHI, puis exécutez HIDARI CHUDANZUKI, les yeux sur le nord-est.

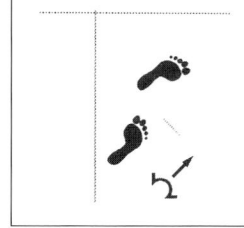

㉚

そのままの姿勢で続いて右中段突き。写真㉙、㉚は連続突き。

Keeping the same posture as those of ㉙ and further to the left blow, perform MIGI CHUDAN-ZUKI. Photos ㉙ and ㉚ show a series of blows.

Sans changer la pose debout que celle de ㉙ et suivi du coup de bras gauche, exécutez MIGI CHUDANZUKI. Les photos ㉙ et ㉚ montrent cette série des coups.

㉛

左足を北へ移動して猫足立ちとなり左腕で中段受け、右手は甲を下にして前腕を水月前に水平に構える。目付北。

Shifting the left foot notrhwards, stand in the form of NEKOASHIDACHI, with the left arm posed as CHUDANUKE and the forearm of the rigth hand placed in front of SUIGETSU horizontally, the back of the hand downward. Eyes are set to the north.

Déplacez le pied gauche sur le nord et prenez la forme NEKOASHIDACHI en formant CHUDANUKE par la main gauche et portant l'avant-bras droit devant SUIGETSU horizontalement, le dos de la main droite dirigé au bas. Les yeux sont fixés vers le nord.

㉜

写真㉛の側面。

Performance of ㉛ as viewed from the side.

Profil de l'action ㉛.

平安四段　Heian-Yodan

㉝

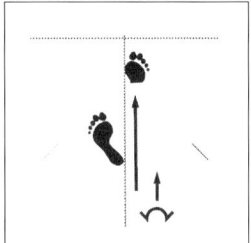

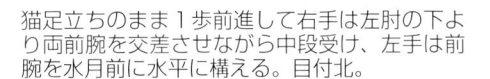

猫足立ちのまま1歩前進して右手は左肘の下より両前腕を交差させながら中段受け、左手は前腕を水月前に水平に構える。目付北。

One step forward with the posture of NEKOASHI-DACHI and compose a form of CHUDANUKE using the right hand by making both forearms cross each other from under the left elbow. As for the left hand, position the forearm in front of SUIGETSU horizontally. Eyes are fixed to the north.

Avancez-vous d'un pas avec la posture de NEKO-ASHIDACHI et composez la forme CHUDANUKE de la main droite en faisant se croiser les deux avant-bras de dessous du coude gauche. Quant à la main gauche, portez l'avant-bras devant SUIGETSU horizontalement. Les yeux se dirigent vers le nord.

㉞

写真㉝の側面。

Performance of ㉝ as viewed from the side.

Profil de l'action ㉝.

㉟

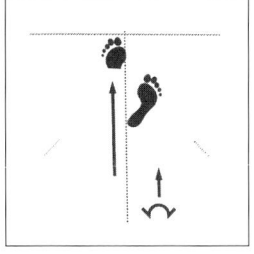

猫足立ちのまま1歩前進して左手は右肘の下から両前腕を交差させながら前へ出し中段受け、右前腕は水月の前に水平に構える。目付北。

One step forward with the posture of NEKOASHI-DACHI and compose a form of CHUDANUKE using the left hand by stretching it out and making both forearms cross each other from under the right elbow. As for the right forearm, place it in front of SUIGETSU horizontally. Eye direction is north.

Avancez-vous d'un pas avec la posture de NEKO-ASHIDACHI et composez la forme CHUDANUKE de la main gauche en faisant se croiser les deux avant-bras de dessous du coude droit. Quant à la main droite, portez l'avant-bras devant SUIGETSU horizontalement. Les yeux se dirigent vers le nord.

㊱

両手を開いて掌を内に向け肩よりやや高く上げる。立ち方および位置は前のまま。目付北。

With both hands opened, raise them slightly higher than the height of shoulder, each palm turned inwards. Keep the position and standing form unchanged. Eyes are set to the north.

Ouvrez les deux mains et levez-les un peu plus haut que la hauteur de l'épaule. Ne changez pas la position ni la forme debout: elles restent inchangées. Les yeux sont dirigés vers le nord.

㊲

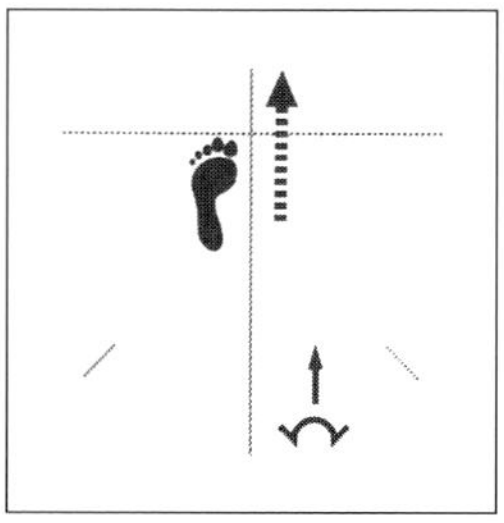

左膝を伸ばし右膝を上げ膝当てを行なうと同時に両手を握り体の両側に引きつける。目付北。㊱㊲動作は連続して行なう。

Stretch out the left knee and raise the right knee to perform HIZAATE. At the same time, clench both hands and draw them to each side of the body, eyeing northwards. (Perform either of the movements ㊱ and ㊲ continuously.)

Etendez le genou gauche et levez le genou droit pour exécuter HIZAATE. En même temps, serrez les deux mains et attirez-les à chacun des flancs. Les yeux se dirigent vers le nord. (Exécutez les techniques de ㊱ et ㊲ sans cesse.)

㊳

写真㊲の側面。

Performance of ㊲ as viewed from the side.

Profil de l'action ㊲.

㊴

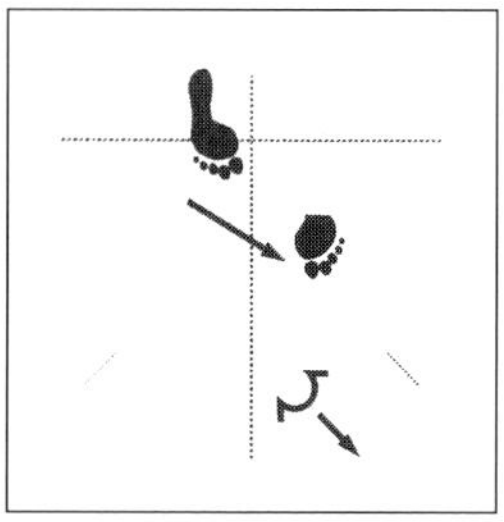

膝当てする右足を斜め前方（北西）におろして体を後ろ（南東）に向けて猫足立ちとなり、中段手刀受けを行なう。目付南東。

Putting down the right foot (for use of HIZAATE) in front slantwise or in the direction of northwest and facing backwards or southeast, stand in the form of NEKOASHIDACHI and perform CHUDAN SHUTOUKE, with eyes set to the southeast.

Faites tomber en face le pied droit (qui va faire HIZAATE) obliquement ou sur le sud-est et en vous dirigeant en arrière ou vers le sud-est, prenez la forme de NEKOASHIDACHI et exécutez CHUDAN SHUTOUKE. Les yeux sont dirigés au sud-est.

㊵

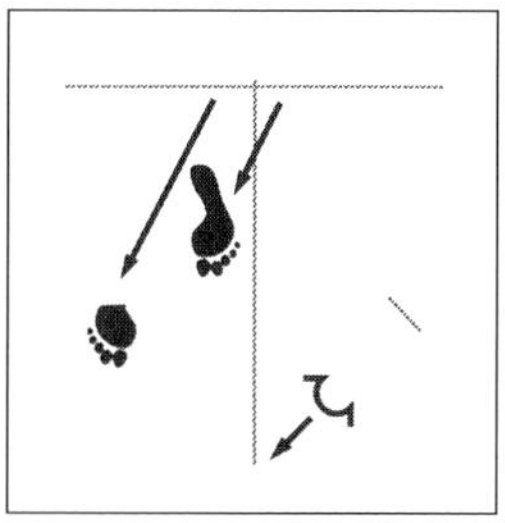

右足を南西へ踏み出し左足を引き寄せ猫足立ちとなり右中段手刀受け、左は甲を下にして水月前に構える。目付南西。

Forward the right foot southwest and, drawing the left one to it, stand in the form of NEKOA-SHIDACHI and compose MIGI CHUDANUKE with the right hand, placing the left hand (its back downwards) in front of SUIGETSU. Eye direction is southwest.

Avancez le pied droit d'un pas vers le sud-ouest et, en tirant le pied gauche à côté du pied droit, tenez-vous en forme de NEKOASHIDACHI et composez MIGI CHUDANUKE de la main droite en portant la main gauche (le dos vers le sol) devant SUIGETSU. Les yeux se dirigent sur le sud-ouest.

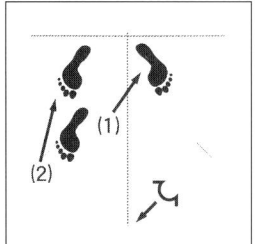

㊶ 左足を斜め後方へ半歩引き右足を引いて八字立ちとなり両手は握って大腿部前に構える。目付残心のため約1呼吸南西より南。

Drawing back the left foot slantwise by half a step together with the right foot, stand in the form of HACHIJIDACHI, with both fists clenched and placed in front of each thigh. Stop eyes for a while (almost one slow breath) in the direction of southwest before turning them to the south for effect of ZANSHIN.

En retirant le pied gauche d'un demi pas en arrière obliquement avec le pied droit, tenez-vous en forme de HACHIJIDACHI, les deux mains serrées devant les cuisses. Arrêtez et regardez au sud-ouest pour un moment (presqu'une respiration lente) avant de vous diriger vers le sud. C'est à l'effet de ZANSHIN.

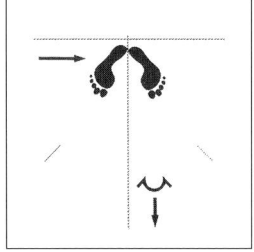

㊷ 右足を左足に引きつけ結び立ちとなり、両手は開いて両側に伸ばす。目付南。

By drawing the right foot to the left one, take a form of MUSUBIDACHI, with both hands open and straightened along the side of each thigh. Eye direction is south.

En approchant le pied droit du pied gauche, tenez-vous en MUSUBIDACHI, les deux mains ouvrées et bassées le long des cuisses à doigts joints. Les yeux se dirigent vers le sud.

平安四段○型分解

Heian-Yodan ○ Facing performance
Heian-Yodan ○ Mise en action des formes face à face

型③、④の動作
Performance of form ③ and ④
Action par les formes ③ et ④

(1) 右中段突きで攻撃してくるのを右斜め後方に転身し猫足立ちとなり、左中段小手受けでかわす。

Against the opponent with an attacking trick of MIGI CHUDAN-ZUKI, turn backwards slantingly to the right to stand in the form of NEKOASHIDACHI and make a dodge using HIDARI CHUDAN KOTEUKE.

Contre l'adversaire qui va vous attaquer d'un coup de MIGI CHUDANZUKI, tournez-vous à droit en arrière obliquement et tenez-vous en forme de NEKOASHIDACHI en évitant le coup à force de HIDARI CHUDAN KOTEUKE.

(2) 相手の右手首を握り体を起こして基立ちとなり、相手の首筋へ右手刀打ちを行なう。

Grappling the opponent by the right wrist, straighten yourself back to the form of MOTODACHI and give her nape a strike of MIGI SHUTOUCHI.

Saisissez la nuque de l'adversaire, redressez-vous et tenez-vous en forme de MOTODACHI, puis, donnez lui un coup de MIGI SHUTOUCHI par la nuque.

型⑤、⑥の動作
Performance of form ⑤ and ⑥
Action par les formes ⑤ et ⑥

(3) 右中段蹴りで攻撃してくるのを右斜め後方へ体を引いて前屈立ちとなり、下段交差受けする。

Against the opponent with an attacking trick of MIGI CHUDAN-GERI, turn backwards slantingly to the right to stand in the form of ZENKUTSUDACHI and perform GEDAN KOSAUKE.

Contre l'adversaire qui va vous attaquer d'un coup de MIGI CHUDANGERI, tournez-vous à droit en arrière obliquement et tenez-vous en forme de ZENKUTSUDACHI, puis, exécutez GEDAN KOSAUKE.

平安四段 Heian-Yodan

(4) 続いて右中段突きで攻撃してくるのを前足を引いて猫足立ちとなり、中段受けでかわす。

Against his further attack using MIGI CHUDANZUKI, stand in the form of NEKOASHIDACHI by drawing back your forefoot, then dodge her blow by use of CHUDANUKE.

Contre l'attaque de plus employant MIGI CHUDANZUKI, tenez-vous en forme de NEKOASHIDACHI en retirant l'avant-pied et évitez son coup à force de CHUDANUKE.

(5) 体を起こして基立ちとなり、右中段逆突きで極める。

Straighten yourself for MOTODACHI, finish with MIGI CHUDAN GYAKUZUKI.

Redressez-vous pour MOTODACHI, finissez par MIGI-CHUDAN GYAKUZUKI.

型⑨から⑭までの動作
Performance of form ⑨ to ⑭
Action par les formes ⑨ à ⑭

(6) 右中段突きで攻撃してくるのを左前腕および拳槌にて横に払ってかわすと同時に、左中段蹴りを行なう。

Against the opponent's attack with MIGI JODANZUKI, ward off her blow by making a horizontal sweep with the left forearm and KENTSUI added by HIDARI CHUDANGERI.

Contre l'attaque de l'adversaire qui va donner MIGI JODANZUKI, parez le coup en faisant agir l'avant-bras gauche et KENTSUI horizontalement, et exécutez HIDARI CHUDANGERI simultanément.

(7) 蹴った左足を相手の外側におろして前屈立ちとなり、相手の腕を抱えて引きつけながら右で肘当てする。

Gettin down the kicking foot outside the opponent, stand in the form of ZENKUTSUDACHI and apply the right elbow to her (HIJIATE) by holding his arm to draw it toward you.

Faites tomber le pied (qui a fait le coup) en dehors de l'adversaire et tenez-vous en ZENKUTSUDACHI. Et, appliquez-lui le coude droit (HIJIATE) en tenant son bras et l'attirant à vous.

型 ⑯ から ㉑ までの動作
Performance of form ⑯ to ㉑
Action par les formes ⑯ à ㉑

(8) 　右上段突きで攻撃してくるのを上体を左へ引き、両手の掌にて下より掬って流す。

Against the attack with MIGI JODANZUKI, draw your body back to the left and scoop up the blow in your palms from below.

Contre l'attaque avec MIGI JODANZUKI, reculez à gauche et résistez au coup de façon à le ramasser dans deux paumes.

(9) 　右中段蹴りを行なう。

Perform MIGI CHUDANGERI.

Exécutez MIGI CHUDANGERI.

型 ㉓ から ㉚ までの動作
Performance of form ㉓ to ㉚
Action par les formes ㉓ à ㉚

(10) 　右中段突きで攻撃してくるのを右斜め後方へ転身して猫足立ちとなり、左中段受けを行なう。

Against the attack with MIGI CHUDANZUKI, turn backwards slantingly to the right to form NEKOASHIDACHI and perform HIDARI CHUDANUKE.

Contre l'attaque avec MIGI CHUDANZUKI, tournez-vous à droit en arrière obliquement et formez NEKOASHIDACHI pour exécuter HIDARI CHUDANUKE.

(11) 　右中段蹴りを行なう。

Perform MIGI CHUDANGERI.

Exécutez MIGI CHUDANGERI.

平安四段　Heian-Yodan

（12）相手は右足を1歩後方へ引いて蹴りをかわして左で中段突きをする。蹴った右足を相手の中心におろして相手の突きの外側より水月に向かって中段突きする。

The opponent draws her right foot one step backwards, dodges your kick and performs CHUDANZUKI by her left hand. Against this attacking trick, put down your kicking foot onto her center and do CHUDANZUKI toward her SUIGETSU from the outside of the blow she is giving you.

L'adversaire retire son pied droit d'un pas en arrière, pare votre coup de pied et vous donne CHUDANZUKI par sa main gauche. Contre l'attaque de cette façon, faites tomber le pied (qui a fait un coup) au milieu de son corps et exécutez CHUDANZUKI sur son SUIGETSU du dehors de son coup.

（13）さらに右中段逆突きで攻撃してくるのを外側より左中段突きを行なって攻撃をはねてかわすと同時に、突きで極める。

Against her further attack with MIGI CHUDAN GYAKUZUKI, dodge and repel the blow by performing HIDARI CHUDANZUKI from outside, then finish with applying TSUKI.

Contre l'attaque en outre par MIGI CHUDANZUKI, parez et repoussez son coup en exécutant HIDARI CHUDANZUKI par dehors, et puis, finissez par TSUKI.

型㉟から㊳までの動作
Performance of form ㉟ to ㊳
Action par les formes ㉟ à ㊳

（14）右中段突きで攻撃してくるのを右斜め後方へ転身して、中段支え受けでかわす。

Agaist the attack with MIGI CHUDANZUKI, turn backwards obliquely to the right and dodge the blow using CHUDAN SASAEUKE.

Contre l'attaque avec MIGI CHUDANZUKI, tournez-vous à droit en arrière obliquement et parez ce coup à force de CHUDAN SASAEUKE.

（15）ただちに相手の両衿を取る。

Lose no time to grasp the opponent by the neck.

Saisissez l'adversaire par le col tout de suite.

(16) 相手を引き寄せて上体を前に倒し下腹部へ膝当てする。

Draw him toward you and, pulling her down well in your hands, give her underbelly a knee kick HIZAATE.

Tirez l'adversaire près de vous et en faisant lui tomber le buste dans votre bras, donnez HIZAATE ou un coup de genou à son bas-ventre.

型 ㊵、㊶ の動作
Performance of form ㊵ and ㊶
Action par les formes ㊵ et ㊶

(17) 右中段突きで攻撃してくるのを前足を左斜め後方へ引き猫足立ちとなり、手刀受けでかわす。

Agaist the attack with MIGI CHUDANZUKI, draw your forefoot slantingly back to the left to form NEKOASHIDACHI and make a dodge using SHUTOUKE.

Contre l'attaque avec MIGI CHUDANZUKI, retirez l'avant-pied à gauche en arrière obliquement et parez son coup à force de SHUTOUKE.

(18) 猫足立ちの前足で中段蹴りを行なう。

Perform CHUDANGERI by use of the forefoot in the form of NEKOASHIDACHI.

Exécutez CHUDANGERI par l'avant-pied de NEKOASHI-DACHI.

(19) 蹴った足を前へ踏み込んで左で中段突きをする。

Step the kicking foot further on and perform CHUDAN GYAKUZUKI by the left hand.

Avancez de plus le pied qui vient de donner un coup et exécutez CHUDAN GYAKUZUKI par la main gauche.

平安五段
Heian-Godan

① 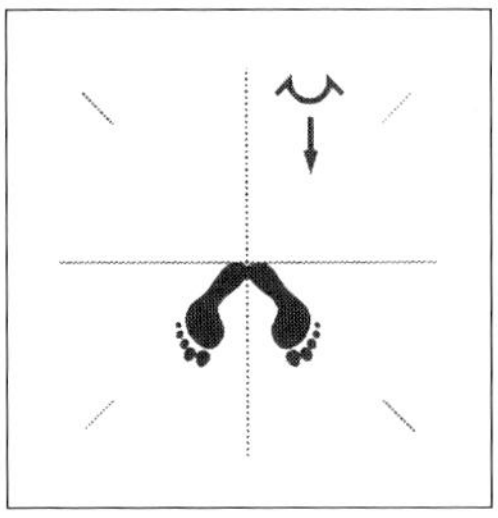 結び立ちとなり両手は両大腿部外側につけて伸ばす。目付南。

Stand in the proper form of MUSUBIDACHI, with both hands attached to the thighs, fingers straightened and eyes southwards.

Mettez-vous debout en forme de MUSUBI-DACHI, les deux mains attachées aux cuisses à doigts joints et baissés, et les yeux vers le sud.

② 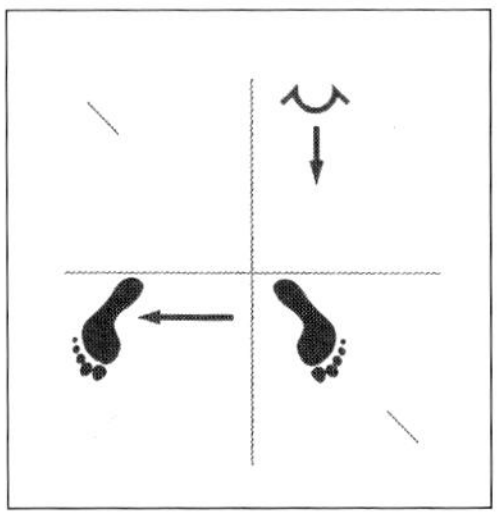 右足を横に開いて外八字立ちとなり、両手は握り大腿部前面に構える。目付南。

Take a pose of SOTOHACHIJIDACHI by moving the right foot horizontally, clenching the fists, putting them properly in front of each thigh and keeping eyes southwards.

Formez la pose de SOTOHACHIJIDACHI en mouvant horizontalement le pied droit, chacun des poings serrés et les mettant devant les cuisses d'une façon propre, toujours les yeux vers le sud.

③ 東へ向いて猫足立ちとなり左腕で中段受け、右拳は脇へ引く。目付東。

Turn to the east and stand in the form of NEKOASHIDACHI, with the left arm posed as CHUDANUKE, the right fist drawn back to the flank and eyes directed to the east.

Tournez-vous sur l'est et prenez la posture de NEKOASHIDACHI, la main gauche mise en forme de CHUDANUKE, le poing droit retiré au flanc et les yeux dirigés vers l'est.

④ 位置および立ち方そのままで上体を左へ回し右中段突き、左拳は脇へ引く。目付東。

Keepin the same position and standing form as those of ③, turn the upper part of the body to the left and perform MIGI CHUDANZUKI, with the left fist drawn back to the flank, eyeing eastwards.

En tenant la même position et la même posture debout que celles de ③, tournez le buste à gauche et exécutez MIGI CHUDANZUKI, le poing gauche retiré au flanc. Les yeux sont dirigés vers l'est.

⑤ 右足を引いて結び立ちとなり右拳は脇へ引き、左拳は甲を上にして胸部（両乳）前に前腕を水平にして構える。目付南。

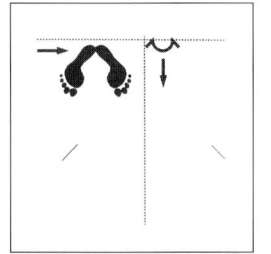

With the right foot drawn back, stand in the form of MUSUBIDACHI, the right fist close to the flank and the left fist (its back upwards) put in front of the chest, the forearm and being leveled, eyeing southwards.

Faites reculer le pied droit pour exécuter MUSUBIDACHI, le poing droit retiré au flanc. Quant au poing gauche, portez-le devant la poitrine, le dos vers le ciel et l'avant-bras mis de niveau. Les yeux se dirigent au sud.

⑥ 右足を西に出して猫足立ちとなり右腕で中段受け、左拳は脇へ引く。目付西。

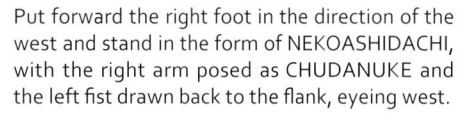

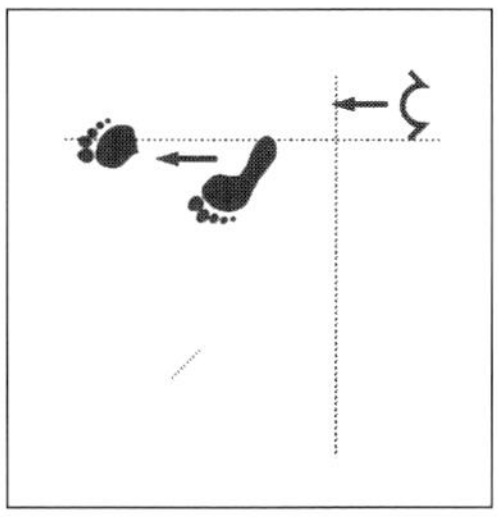

Put forward the right foot in the direction of the west and stand in the form of NEKOASHIDACHI, with the right arm posed as CHUDANUKE and the left fist drawn back to the flank, eyeing west.

Mettez le pied droit en avant sur l'ouest et tenez-vous en forme de NEKOASHIDACHI, en formant CHUDANUKE par le bras droit, le poing gauche retiré au flanc. Les yeux sont dirigés vers l'ouest.

⑦ 位置および立ち方そのままで上体を右に回し左中段突き、右拳は脇へ引く。目付西。

Keeping the same position and standing form as those of ⑥, turn the upper part of the body to the right and perform HIDARI CHUDANZUKI, with the right fist drawn back to the flank, eyeing west.

Acec la même position et la même forme debout que celles du ⑥, tournez le torse à droit et exécutez HIDARI CHUDANZUKI, le poing droit retiré au flanc. Les yeux sont dirigés vers l'ouest.

⑧ 左足を引いて結び立ちとなり左拳は脇へ引き、右拳は甲を上にして胸部（両乳）前に前腕を水平にして構える。目付南。

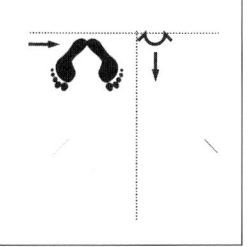

Pulling the left foot backwards, stand in the form of MUSUBIDACHI and place the right fist in front of the chest, with its back upwards and the forearm leveled. Eye direction is south.

Retirez le pied gauche et tenez-vous en forme de MUSUBIDACHI, le poing gauche attaché au flanc et le poing droit mis en face de la poitrine. En ce cas, dirigez le dos du poing droit par-dessus et mettez l'avant-bras de niveau. Les yeux sont fixés vers le sud.

平安五段 Heian-Godan

⑨

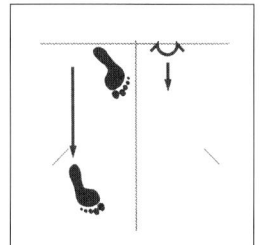

右足を南に1歩前進して前屈立ちとなり右腕で中段受け、左腕は甲を下にして前腕を水月前に水平に構える。目付南。

One step forward to the south by the right foot and take a posture of ZENKUTSUDACHI, with the right arm posed as CHUDANUKE and the left arm placed in front of SUIGETSU, the back of the arm turned downwards and the forearm leveled. Eye direction is south.

Avancez le pied droit d'un pas vers le sud et tenez-vous en forme de ZENKUTSUDACHI, en formant CHUDANUKE par le bras droit. En ce cas, dirigez le dos du bras gauche par-dessous et mettez l'avant-bras de niveau. Les yeux sont fixés sur le sud.

⑩

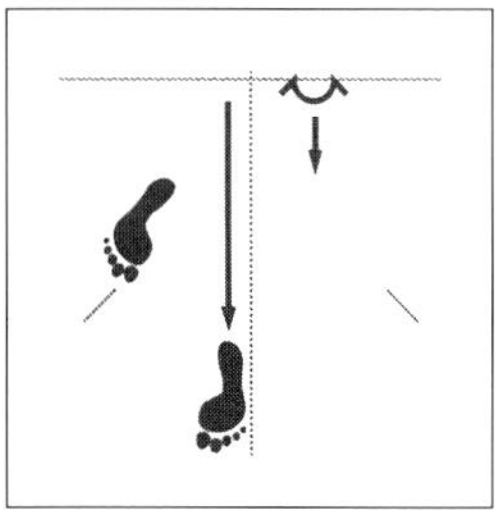

左足を南へ1歩前進して前屈立ちになり両前腕を交差して体の中央下方へ落とす。目付南。

One step forward to the south by the left foot and take a posture of ZENKUTSUDACHI, with both forearms crossed and dropped onto the center of the body. Eye direction is south.

Avancez le pied gauche d'un pas vers le sud et tenez-vous en forme de ZENKUTSUDACHI. Ensuite, croisez les deux avant-bras et faites-leur tomber au centre du corp. Les yeux sont fixés sur le sud.

⑪

交差せる両手を開きながら頭上にあげる。目付南。

Raise the crossed hands overhead while always opening them. Eyes are set southwards.

Levez les deux mains croisées par-dessus la tête tout en les ouvrant. Les yeux sont dirigés vers le sud.

⑫

写真⑪の側面。

Performance of ⑪ as viewed from the side.

Profil de l'action ⑪.

⑬ 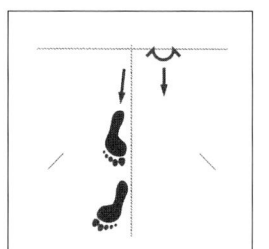 右足を前へ引き寄せながら交差せる両手の掌底を合わせるように回す。目付南。

While drawing the right foot forward, turn round the crossed hands in such a way that the bottoms of each palm are put together. Eyes are set to the south.

Tout en tirant le pied droit en face, tournez les deux mains croisées de façon à faire se joindre les fonds de chaque paume. Les yeux sont dirigés vers le sud.

⑭ 右足を引き寄せて左掌で右掌を押さえる。側面。目付南。

Draw the right foot near by, make the left palm take hold of the right palm. Side view. Eyes are set to the south.

En faisant revenir le pied droit, faites tenir le paume droit par le paume gauche. Vue latérale. Les yeux se dirigent vers le sud.

⑮ 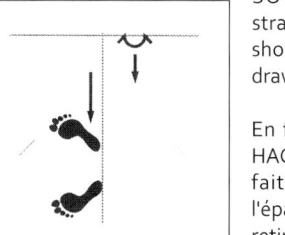 右足を引き寄せて外八字立ちとなり左腕を伸ばして拳槌にて肩の高さを横へ払い、右拳は脇へ引く。目付南。

Draw the right foot and stand in the form of SOTOHACHIJIDACHI and, with the left arm straightened, make a sweep across the level of shoulder by use of KENTUSI, with the right fist drawn back to the flank. Eyes are set to the south.

En faisant revenir le pied droit, formez SOTO-HACHIJIDACHI et redressez le bras gauche, puis, faites agiter KENTSUI à travers le niveau de l'épaule dans le sens de la largeur, le poing droit retiré au flanc. Les yeux sont dirigés vers le sud.

⑯ 写真⑮の側面。

Performance of ⑮ as viewed from the side.

Profil de l'action ⑮.

平安五段 Heian-Godan

⑰ 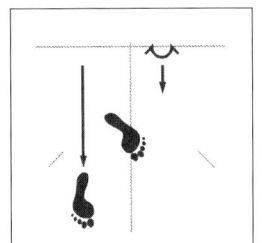 右足を1歩前進して基立ちとなり右中段突き。目付南。

Forward the right foot by one step and stand in the form of MOTODACHI, with a pose of MIGI CHUDANZUKI, eyeing south.

Avancez le pied droit d'un pas pour former MOTODACHI et exécutez MIGI CHUDANZUKI, les yeux vers le sud.

⑱ 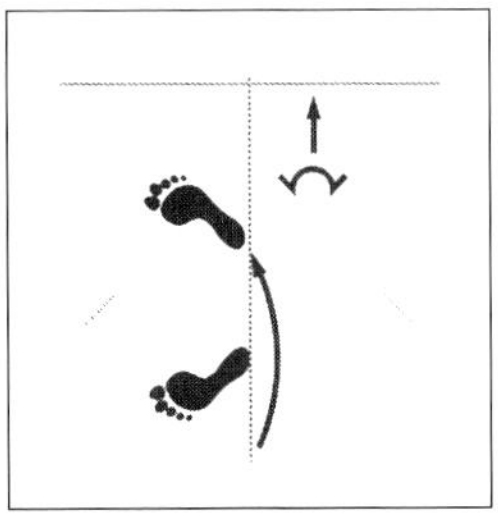 左足上足底を軸にして後方（北）へ体を回して四股立ちとなり右腕で下段受け。目付北。

By pivoting on the left tiptoe, make a turnabout (to the north) to form SHIKODACHI, with the right arm posed as GEDANUKE, eyeing north.

En pivotant sur la pointe du pied droit, tournez-vous juste en arrière (sur le nord) et formez SHIKODACHI en formant GEDANUKE par le bras droit, les yeux vers le nord.

⑲ 写真⑱の側面。

Performance of ⑱ as viewed from the side.

Profil de l'action ⑱.

⑳ 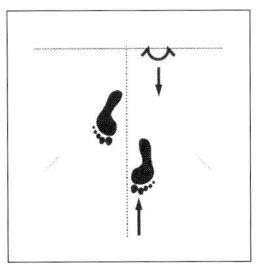 後方を向き左足を引いて基立ちとなり左腕を伸ばして肩の高さを横に払い、右拳は脇へ引く。目付北。

Turn backwards and draw back the left foot to take a form of MOTODACHI, then, with the left arm straightened, make a sweep across the level of shoulder, the right fist being drawn back to the flank. Eyes are set to the south.

Tournez-vous en arrière et formez MOTODACHI, puis en redressant le bras gauche, faites-lui agiter à travers l'épaule dans le sens de la largeur, le poing droit retiré au flanc. Les yeux sont dirigés vers le sud.

㉑

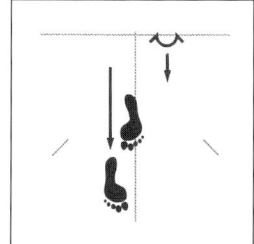

右足1歩前進し、右足引きつけ交差立ちになりながら左拳は開いて肘を曲げ、右拳は甲を上にして左前腕内側へ肘当てする。目付南。

One step forward by the right foot and drawing it near by, stand in the form of KOSADACHI, during which action the left fist is opened and the left elbow bent, while the right fist applied to the inside of the left forearm with the back of the fist upwards. (Application of the elbow or HIJIATE) Eye direction is south.

Avancez le pied droit d'un pas et tirez-le en face pour prendre la forme de KOSADACHI, dans le cours duquel, le poing gauche est ouvert et le coude plié tandis que le poing droit s'applique sur l'intérieur de l'avant-bras gauche (Application du coude ou HIJIATE), le dos du poing droit en dessus. Les yeux se dirigent vers le sud.

㉒

交差立ちとなり右腕で中段受けを行ない、左拳は甲を上に手首を曲げて右肘下につけて支える。

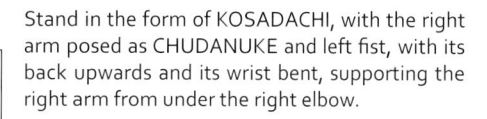

Stand in the form of KOSADACHI, with the right arm posed as CHUDANUKE and left fist, with its back upwards and its wrist bent, supporting the right arm from under the right elbow.

Tenez-vous en forme de KOSADACHI et prenez la forme de CHUDANUKE. En ce cas, le poing gauche, son dos à la surface et son poignet plié, soutient le bras droit d'en bas.

㉓

写真㉒の側面。

Performance of ㉒ as viewed from the side.

Profil de l'action ㉒.

㉔

後ろ（北）へ向き左足は膝を伸ばし踵を上げて前へ出す。両腕は右肩上に上げる。目付北。

Turn round (to the north), straighten the left knee and put it forth, lifting up the heel and raising both arms over the right shoulder, with eyes toward the north.

Tournez-vous en arrière (sur le nord), redressez le genou gauche et mettez-le en avant à talon levé et les deux bras en haut de l'épaule droite. Les yeux se dirigent vers le nord.

平安五段　Heian-Godan　75

㉕

写真㉔の側面。

Performance of ㉔ as viewed from the side.

Profil de l'action ㉔.

㉖

両足で北方へ跳んで体を西に向けて交差立ちとなり、腰を落として両前腕を交差して下腹部前に落とす。目付西。

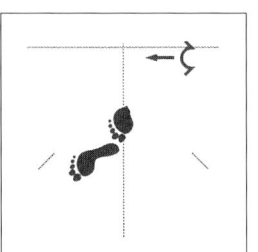

Jump on the legs to the north and turn the body to the west to take a form of KOSADACHI, then, lowering the waist, cross both arms and drop them in front of underbelly. Eyes are set to the west.

Sautez sur les deux pieds vers le nord et tournez-vous à l'ouest pour former KOSADACHI. Puis, baissez les hanches et croisez les deux avant-bras en leur faisant tomber devant le bas-ventre. Les yeux sont dirigés sur l'ouest.

㉗

写真㉖の側面。

Performance of ㉖ as viewed from the side.

Profil de l'action ㉖.

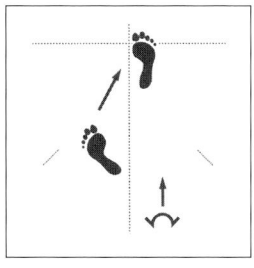

㉘

北へ右足を1歩出して前屈立ちとなり右腕で中段受け、左拳は甲を上に向けて右肘の内側に添え前腕を水平に構える。目付北。

Forward the right foot to the north by one step and stand in the form of ZENKUTSUDACHI, with the right arm posed as CHUDANUKE and the left fist so posed that the its back is on the reverse and attached to the inside of the right elbow while its forearm is placed horizontally. Eyes are set to the north.

Avancez le pied droit d'un pas sur le nord et formez ZENKUTSUDACHI en formant CHUDAN-UKE par le bras droit. Quant au poing gauche, portez son dos en bas et attachez-le à l'intérieur du coude droit, puis mettez son avant-bras de niveau. Les yeux se dirigent vers le nord.

㉙ 写真㉘の側面。

Performance of ㉘ as viewed from the side.

Profil de l'action ㉘.

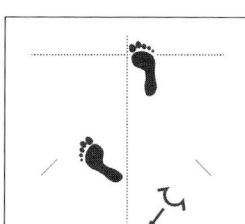

㉚ 南西に目付を転じて後屈立ちとなり両前腕を体の前面で交差し左腕は下段受け、右腕は拳をほぼ耳の高さにして上に構える。目付南西。

Turning the eyes to the southwest, stand in the form of KOKUTSUDACHI, with both forearms crossed in front of body and the left arm posed as GEDANUKE. As for the right arm, place its fist upwards somewhat at the level of the ear. Eye direction is southwest.

Tournez les yeux sur le sud-ouest et formez KOKUTSUDACHI en croisant les deux avant-bras devant le buste. En ce cas, portez le bras gauche en forme de GEDANUKE et mettez le bras droit en haut, son poing à peu près au niveau de l'oreille. Les yeux sont dirigés vers le sud-ouest.

㉛ 左足を半歩後方（北東）へ引く。

Draw back the left foot by half a step to the northeast.

Retirez le pied gauche d'un demi-pas vers le nord-est.

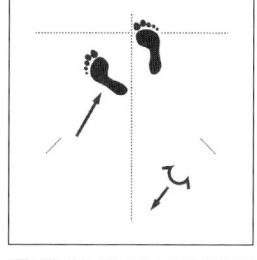

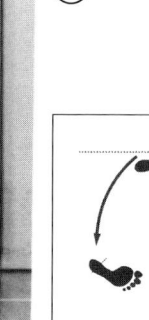

㉜ 右足を南西に踏み出し後屈立ちとなり両前腕を体の前で交差し右腕で下段受け、左腕は上に構える。目付南西。

Forward the right foot to the southwest and take a form of KOKUTSUDACHI, with both forearms crossed in front of the body and the right arm posed as GEDANUKE, the left arm being placed above. Eye direction is set to the southwest.

Avancez le pied sur le sud-ouest pour former KOKUTSUDACHI en croisant les deux avant-bras devant le buste, puis, composez GEDANUKE du bras droit et mettez le bras gauche en haut. Les yeux se dirigent vers le sud-ouest.

平安五段　Heian-Godan

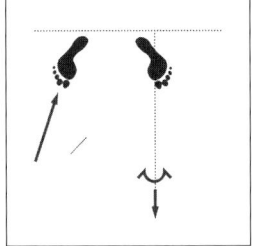

㉝ 右足を左足横に引いて外八字立ちとなり両拳は大腿部前に構える。目付残心1呼吸くらいの後南。

Draw the right foot to the side of the left foot and stand in the form of SOTOHACHIJIDACHI, with both fists placed before each thigh. Before turning to the south, take a pause for ZANSIN, just for a while equal to one slow breath.

En tirant le pied droit à côté du pied gauche, tenez-vous en forme de SOTOHACHIJIDACHI, les deux poings mis en face de chacune des cuisses. Avant de vous tourner vers le sud, faites une pause à l'effet de ZANSHIN ou pour un moment égal à une haleine lente.

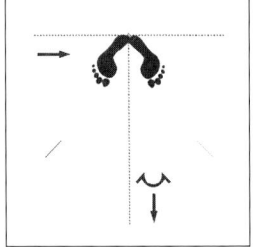

㉞ 右足を引きつけて結び立ちとなり両手は開いて体側に伸ばす。

By drawing the right foot near by, stand in the form of MUSUBIDACHI, with both hands stretched out along the side of the body.

En approchant le pied droit, tenez-vous en forme de MUSUBIDACHI, les deux mains ouvertes et redressées le long des flancs.

平安五段○型分解

Heian-Godan ○ Facing performance
Heian-Godan ○ Mise en action des formes face à face

型③から⑧までの動作
Performance of form ③ to ⑧
Action par les formes ③ à ⑧

(1) 右中段突きで攻撃してくるのを右斜め後方へ転身し猫足立ちとなり、左で中段受けをする。

Against the attack with MIGI CHUDANZUKI, turn round slantwise to the right to form NEKOASHIDACHI, with the left hand posed as CHUDANUKE.

Contre l'attaque avec MIGI CHUDANZUKI, tournez-vous à droit en arrière obliquement, formez NEKOASHIDACHI et composez CHUDANUKE du bras gauche.

(2) 上体を回して右中段突きで極める。

Turning the upper part of the body, finish with MIGI CHUDANZUKI.

En tournant le torse, finissez par MIGI CHUDANZUKI.

型⑨から⑮までの動作
Performance of form ⑨ to ⑮
Action par les formes ⑨ à ⑮

(3) 右中段突きで攻撃してくるのを体を左斜め後方へ引いて前屈立ちとなり、左腕で中段支え受けでかわす。

Against the attack using MIGI CHUDANZUKI, draw yourself back slantwise to the left and stand in the form of ZENKUTSUDACHI, with the left arm posed as CHUDAN SASAEUKE to make a dodge.

Contre l'attaque avec MIGI CHUDANZUKI, faites reculer le corps à gauche obliquement, formez ZENKUTSUDACHI et exécutez CHUDAN SASAEUKE à force du bras gauche pour parer le coup.

(4) 続いて左中段蹴りで攻撃してくるのを下段交差受けでかわす。

Against further attack using HIDARI CHUDANGERI, apply GEDAN KOSAUKE for dodge.

Contre l'attaque successive employant HIDARI CHUDANGERI, parez ce coup à force de GEDAN KOSAUKE.

(5) 蹴った足を踏み込んで左上段突きで攻撃してくるのを、両手を開いて上段交差受けでかわす。

Against the opponent's continuous kicking trick HIDARI JODANZUKI, apply JODAN KOSAUKE as counteraction, with both hands open.

Contre l'attaque de l'adversaire en outre avec le coup de pied HIDARI JODANZUKI, parez ce coup par JODAN KOSAUKE, les deux mains ouvertes.

(6) 右手で相手の手首をとって手前へ引き寄せる。

Working the right hand, take the opponent by the wrist to draw her near by.

A force de la main droite, saisissez l'adversaire par le poignet, puis, faites-lui vous approcher.

(7) 左拳槌を相手の首筋へ打ち込んで極める。

Finish with giving her nape a blow of HIDARI KENTSUI.

Finissez par donner à sa nuque un coup de poing HIDARI KENTSUI.

型⑱の動作
Performance of form ⑱
Action par la forme ⑱

(8) 右中段蹴りで攻撃してくるのを右斜め後方へ転身して四股立ちとなり、左で下段受けをする。

Against the attack using HIDARI CHUDANGERI, turn backwards to the right slantingly to take a form of SHIKODACHI, with the left arm and fist posed as GEDANUKE.

Contre l'attaque avec MIGI CHUDANGERI, faites reculer le corps à droit obliquement, formez SHIKODACHI et exécutez GEDANUKE par la main gauche.

(9) ただちに右中段突きで極める。

Lose no time to finish with MIGI CHUDANZUKI.

Finissez par MIGI CHUDANZUKI tout de suite.

型⑳から㉒までの動作
Performance of form ⑳ to ㉒
Action par les formes ⑳ à ㉒

(10) 右中段突きで攻撃してくるのを斜め下より前腕および拳槌にて横に払ってかわす。

Against the opponent's attack with MIGI CHUDANZUKI, make a quick dodge by giving her a sweep with the forearm and KENTSUI from below slantwise.

Contre l'attaque de l'adversaire avec MIGI CHUDANZUKI, parez ce coup en faisant mouvoir en travers l'avant-bras ainsi que KENTSUI à partir du bas oblique.

(11) 相手の左腕を脇に引きつけながら右肘当てで極める。

Drawing her left arm toward your flank, finish with MIGI HIJIATE.

En tirant son bras gauche à vous, finissez par MIGI HIJIATE.

平安五段　Heian-Godan

型 ㉕ から ㉗ までの動作
Performance of form ㉕ to ㉗
Action par les formes ㉕ à ㉗

(12) 右手を肩上に上げ、左脇をあけてすきをつくって相手をさそう。

By raising the right hand over the shoulder and the left flank opened as if off your guard, make a feint so as to provoke her to attack you.

En levant la main droite par-dessus l'épaule et le flanc gauche ouvré à dessein, on tâche de le provoquer à vous lancer une attaque.

(13) (12) の裏面。

Performance of (12) as viewed behind.

Vue par-derrière du (12).

(14) 右中段突きで攻撃してくるのを前足を右斜め後方へ1歩引き、中段交差受けで流す。

Against the attack with MIGI CHUDANZUKI, pull back the left forefoot by one step slantingly to the right and make a dodge using CHUDAN KOSAUKE.

Contre l'attaque avec MIGI CHUDANZUKI, retirez l'avant-pied à droit dans le sens oblique et exécutez CHUDAN KOSAUKE pour parer le coup de l'adversaire.

(15) (14) の裏面。

Performance of (14) as viewed behind.

Vue par-derrière du (14).

(16) 右裏拳で上段を打つ。

Strike the opponent on her upside by use of MIGI URAKEN.

Donnez à l'adversaire en haut un coup de poing ou MIGI URAKEN.

(17) (16) の裏面。

Performance of (17) as viewed behind.

Vue par-derrière du (17).

型 ㉙ から ㉝ までの動作
Performance of form ㉙ to ㉝
Action par les formes ㉙ à ㉝

(18) 右中段突きで攻撃してくるのを前足を左斜め後方へ引き前屈立ちとなり、中段支え受けでかわす。

Against the attack using MIGI CHUDANZUKI, draw back the forefoot to the left slantwise to form ZENKUTSUDACHI with a pose of CHUDAN SASAEUKE to make a dodge.

Contre l'attaque avec MIGI CHUDANZUKI, retirez l'avant-pied à gauche obliquement et exécutez CHUDAN SASAEUKE pour parer le coup de poing.

(19) さらに左中段蹴りで攻撃してくるのを後屈立ちで右下段受けでかわす。

Against further attack with HIDARI CHUDANGERI, make a dodge by taking a form of KOKUTSUDACHI and MIGI GEDANUKE.

Contre l'attaque successive avec HIDARI CHUDANGERI, faites lui passer à force de KOKUTSUDACHI et MIGI GEDANUKE.

平安五段　Heian-Godan

(20) 体を起こして基立ちとなり右中段逆突きで極める。

Immediately after straightening the body to form MOTODACHI, finish with MIGI CHUDAN GYAKUZUKI.

En vous redressant pour prendre la fome MOTODACHI, finissez par MIGI CHUDAN GYAKUZUKI.

(21) (18) の裏面。

Performance of (18) as viewed behind.

Vue par-derrière du (18).

(22) (19) の裏面。

Performance of (19) as viewed behind.

Vue par-derrière du (19).

(23) (20) の裏面。

Performance of (20) as viewed behind.

Vue par-derrière du (20).

(秋田魁新報　2011年7月22日　朝刊より「地方点描」)

「道」

　人口約2800人の上小阿仁村で最も小さな集落は、2世帯が暮らす不動羅。同集落出身の山田治義さん（73）＝兵庫県尼崎市住＝が4月、社会人の空手選手約8千人が所属する競技団体「全日本実業団空手道連盟」の4代目会長に就任。先ごろ、亡父の遺骨を兵庫に分骨するため約30年ぶりに帰郷したが、小さな集落から空手道の大家を輩出していたことを知る人は、村内でも少なかった。

　山田さんは鷹巣農林高卒。高校時代に柔道と空手道に出合い、兵庫県で就職してからもそれぞれ道場で練習を続け、柔道は講道館5段、空手は全日本空手道連盟公認範士8段の腕前となった。「雪深い所で育ち、我慢を覚えた」と話し、これまでに苦労や困難をあまり感じなかったという。

　1965年に尼崎市空手道協会を設立し、海外にも出向いて指導者や選手を育成してきた。現在、道場を併設した整骨院を営みながら、国内100支部、海外30カ国に支部を持つ糸東流修交会空手道連合を率いる。また、芦屋大学の客員教授や空手部師範、日中文化教育経済関西交流協会顧問なども務め、多方面で活躍。交友関係も幅広く、5月に開いた全日本実業団空手道連盟会長就任祝賀会には、井戸敏三兵庫県知事、冬柴鉄三元国交相、ギタリストのクロード・チアリさんらが駆け付けた。

　「上達に近道なし」「奥義は基本に有り」を信条とし、座右の銘は「耕不尽」。「単に技を学び取るのではなく、心の田を耕すことが大切。それはどこまで行っても限りない」と山田さん。空手道だけでなく、「人の道」にも通じる言葉だった。

　　　　　　　　　　　　　　　　　　　　　　　　（鷹巣支局長・田中敏雄）

(Akita Sakigake Newspaper　July 22, 2011)

From local news column 'Michi'

　　Mr Yamada graduated from Takanosu Nourin High School. At high school he first encountered judo and karate, and after starting work in Hyogo Prefecture, he continued training in both at their respective dojos, achieving proficiency as a 5th Dan in Judo with the Kodokan and an 8th Dan Hanshi rank with the Japan Karate Federation. Having "endured a childhood in deep snowfields," he says he doesn't feel that he has experienced hardship or suffering.

　　Born in Akita Prefecture in 1938, he founded the Amagasaki Karate Association in 1965, and often travels overseas cultivating instructors and competitors. Today, while running the joint dojo and chiropractic clinic he established himself, he also heads the Shitoryu (Shukokai) Karate Union with dojos in 30 countries around the world. In addition to being a professional Karate instructor and Visiting Professor at Ashiya University, he is active in many areas, serving as an advisor to the Japan-China Culture and Education Exchange Association (JCCEIA) of the Kansai region. With a wide range of working relationships and acquaintances, his inaugural banquet as chairman of the Japan Workers Karate Union in May was attended by Toshizo Ido, the Hyogo Prefectural Governor, Tetsuzo Fuyushiba, the former minister of Land, Infrastructure, Transport and Tourism, and the renowned guitarist, Claude Ciari.

　　Following the principles of "There is no shortcut to success" and "The secret is in the basics," his personal motto is "a tilled field is never depleted," believing that simply gathering knowledge is not enough, rather one must cultivate the fields of the heart. There is no limit to how far one can go, in any endeavour, not just in karate-do, but even in human morality.

(Toshio Tanaka, Takanosu Branch Manager)

協力

武田　誉 (たけだ ほまれ)

芦屋大学　空手道部総監督（客員准教授）
修交会義心舘　理事長
日本空手道連合会　事務局長代行
（公財）全日本空手道連盟　公認錬士6段
（公財）全日本空手道連盟　全国組手審判員
（公財）全日本空手道連盟　地区形審判員
（公財）日本体育協会　公認上級コーチ

TAKEDA Homare

Ashiya University Karate-do Club General Superintendent
Ashiya University Visiting Associate Professor
Chief Director, Shuko-Kai Gishin-kan
Japan Karatedo Society Acting Director
Japan Karatedo Federetion Renshi 6th Dan
Japan Karatedo Federetion Referee of Kumite
Japan Karatedo Federetion Area Referee of Kata
Japan Sports Association Class A Coach

*　　　　　*　　　　　*

大塚　悠騎 (おおつか ゆうき)

芦屋大学　空手道部監督

OOTSUKA Yuuki

Ashiya University Karate-do Club Supervisor

*　　　　　*　　　　　*

所谷　宝 (ところたに たから)

芦屋大学　空手道部主将

TOKOROTANI Takara

Ashiya University Karate-do Club Captain

分解演武者／

森尾　恭子 (もりお きょうこ)
芦屋大学　空手道部部員
MORIO Kyoko

竹本　日向 (たけもと ひゅうが)
芦屋大学　空手道部部員
TAKEMOTO Hyuga

小澤　直樹 (おざわ なおき)
芦屋大学　空手道部部員
OZAWA Naoki

利安実澄樹 (としやす みずき)
芦屋大学　空手道部部員
TOSHIYASU Mizuki

*　　　*　　　*

撮影／中村スタジオ　森川光郎
Photo/Nakamura Studio, MORIKAWA Mitsuo

教本 平安 立ち方／初段／二段／三段／四段／五段

発行日　2012年10月1日
著　者　山田　治義
発　行　山田派糸東流修交会義心舘
　　　　〒661-0973　兵庫県尼崎市善法寺町5-20
　　　　TEL.06-6494-2245　FAX.06-6493-7632
協　力　山田派糸東流修交会義心舘ヨーロッパ協会
　　　　首席師範　蒲原　勉
発　売　中央公論事業出版
　　　　〒104-0031　東京都中央区京橋2-8-7
　　　　TEL.03-3535-1321　FAX.03-3535-1325
印刷・製本　藤原印刷

MANUAL Heian　Tachikata, Shodan, Nidan, Sandan, Yodan, Godan

First Edition　1st October, 2012
Author　YAMADA Haruyoshi
Publication　YAMADA-HA SHITO-RYU SHUKO-KAI GISHIN-KAN
　　　661-0973 Zenpoji-cho, Amagasaki-city, JAPAN
　　　Tel.06-6494-2245 Fac.06-6493-7632
Collaborator　ASSOCIATION YAMADA-HA SHITO-RYU SHUKO-KAI GISHIN-KAN EUROPE
　　　Chief instructor KAMOHARA Tsutomu
Release　CHUOKORON-JIGYO-SHUPPAN
　　　Tel.03-3535-1321 Fac.03-3535-1325
Printer　FUJIWARA PRINTING CO.LTD

MANUEL Heian　Tachikata, Shodan, Nidan, Sandan, Yodan, Godan

En premier Édition　le 1er October, 2012
Auteur　YAMADA Haruyoshi
Publication　YAMADA-HA SITO-RYU SHUKO-KAI GISHIN-KAN
　　　661-0973 Zenpoji-cho, Amagasaki-city, JAPON
　　　Tél.06-6494-2245 Fac.06-6493-7632
Collaborateur　ASSOCIATION YAMADA-HA SHITO-RYU SHUKO-KAI GISHIN-KAN EUROPE
　　　Un instructeur supérieur KAMOHARA Tsutomu
Parution　CHUOKORON-JIGYO-SHUPPAN
　　　Tél.03-3535-1321 Fac.03-3535-1325
Imprimerie　FUJIWARA PRINTING CO.LTD